*Family*
*with*
*Four Boys*

# 家有四男

[加] 梁鹤年 著
Hok-Lin Leung

生活·讀書·新知 三联书店

**图书在版编目（CIP）数据**

家有四男／（加）梁鹤年著. —北京：生活·读书·新知
三联书店，2015.4 （2015.5 重印）（2016.2 重印）
ISBN 978 − 7 − 108 − 05201 − 8

I. ①家… II. ①梁… III. ①家庭教育 IV. ① G78

中国版本图书馆 CIP 数据核字（2014）第 282639 号

责任编辑 王 竞
装帧设计 薛 宇
责任印制 徐 方
出版发行 生活·讀書·新知 三联书店
        （北京市东城区美术馆东街 22 号 100010）
网 址 www.sdxjpc.com
经 销 新华书店
印 刷 北京隆昌伟业印刷有限公司
版 次 2015 年 4 月北京第 1 版
        2016 年 2 月北京第 3 次印刷
开 本 880 毫米 × 1230 毫米 1/32 印张 5
字 数 80 千字
定 价 29.00 元
（印装查询：01064002715；邮购查询：01084010542）

每年圣诞节，妈妈会在四个孩子一年的画作中选一幅比较
有代表性的，缩小，复制，寄送给亲戚朋友们表达祝福。
这是 1996 年的贺卡中，老四绘制的图画。

1992 年的贺卡，此为老三所绘，图上是我们在加拿大住了几十年的家。

Contents

# 目　录

1989 年孩子们联合制作的贺卡，四兄弟分别交来了
"春"、"夏"、"秋"、"冬"。

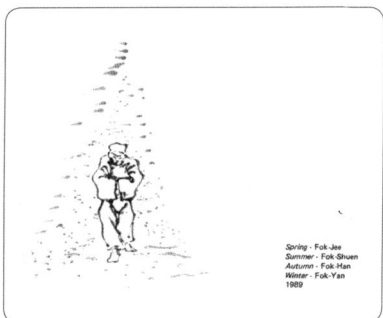

Merry Christmas
+
Happy New Year

Hok Lei
Lora
1989

Spring - Fok-Jew
Summer - Fok-Shuen
Autumn - Fok-Han
Winter - Fok-Yan
1989

# 四　男

我相信天下的严父对天下的老大都是最严的，
这是严父们的学习过程，也是老大们的注定命运。

# 有　男

　　家有四男。教女孩我一窍不通，教男孩我略懂一二。说是"养不教，父之过"，但一到少年期，男孩子与爸爸的关系就开始紧张，往往要由妈妈来缓冲。自古以来都是严父慈母。同性相拒。先天的内分泌驱使男性流于急躁，后天的社会文化鼓励男性要硬朗。急遇急，硬碰硬，能不紧张？柔才能制刚。我庆幸很早发现这个道理。

　　我家里，妈妈是一把手。孩子们知道妈妈说了就算，最低限度妈妈说了才算。上世纪70年代，我结婚后马上就出国，孩子接二连三出生，都是在我经济与事业压力最大的时期。教养的责任就落在妻身上，做了全职的妈妈。这对她来说是枷锁，但也是享乐。养孩子是24小时的工作，永远做不完，既麻木刻板，又随时突发，很多女性宁愿上班。但是，整天与孩子生活在一起，才能看见他们成长的每一个细节，感受到他们成长的每一个脉冲。从第一声"妈妈"到第一次打架都是突如其来，哪一刹不在场就错过了。见他被人欺辱的酸，被他温馨依偎的甜，陪他熬夜应考的苦，与他别扭顶撞的辣，令人体验到生命的实在。没有一个职业比教养孩子来得更实在、更让人满足。

老大婴儿时爱哭，每次醒来必大哭，怎样逗都没用，只会把人弄得头大如斗。其实让他好好哭几分钟就没事了，可是当时我未明白这是生理原因和他的性格决定的。我到英国念书时他不到三岁，老二刚出世。我满脑子是"严父"思想，认为孩子要从小教：三岁孩子要走路，不应坐婴儿车，更不应妈抱。为要他走路，我教、骂、逗、恐吓都无效（妻严禁我打）。有一次，他要坐婴儿车（是他弟弟的婴儿车，但仍有空位可以给他坐），我坚持不让他坐，他就站着不走。僵了十多分钟，我和妻假装不理他，继续前行，转过了街角，偷偷看他会怎样。他只是站在那儿，不哭，不玩，不惊。好几分钟后，妻去把他拖回来。老大的倔强是天生的还是逼出来的，我不知道，但我相信天下的"严父"对天下的"老大"都是最严的。这是严父们的学习过程，也是老大们的注定命运。

妻不是"慈母"型。就像她的名字，帼，柔中带刚。"刚"是对我和对孩子（有时我相信她把我也当孩子）：对我她不是千依百顺，对孩子也不是有求必应。她很有主意（从事业女性转做全职母亲是一定要有主意有坚持的），也很直接（从来不转弯抹角或隐瞒真相），但懂得选择和创造机会去提出或实践她的主意。我和孩子都让她三分，一半是因为她的主意通常都很好，一半是因为她总是使人可以下台。她对我说，老大天生倔强是他的性格，不是人格，处理性格是要避重就轻，才不会影响人格的成长。之后，我跟四个孩子的硬碰硬没有消失，但大家都接受妈妈作缓冲。其中，我是最大的受益者，因为她助我以一挡四。但我也有贡献。

男孩子长大了就是男人。我希望他们做好男人。什么是好男人？是尊重女性的男人。尊重女性不是表面的绅士风度，是慷慨、勇敢、刚毅、忠贞。有了这些气质，绅士风度就自然地流露出来。当男孩子还在少年时代，他的妈妈还年轻。在孩子心目中她是妈妈，也是女性。因此，教孩子尊重女性就由教他尊重妈妈开始。做父亲的要孩子尊重妈妈就得以身作则地尊重他的妈妈，也就是尊重妻子。

我和妻有默契。孩子面前一切以她说为准，背后我俩有商有量。事急，先由她处理，事后商量；事缓，我们先商量，然后由她处理。对孩子来说，妈妈是说话，爸爸是解话。我和四个男孩的关系能够保持平衡，与此有很大关系。我尊重妻的意见是出于实际考虑：她整天看着孩子，对孩子的认识肯定比我清楚；她全职母亲，对孩子的奉献肯定比我高超。尊重并不是空说，也不是盲从。具体来说，就是我承担"求证的责任"（burden of proof），也就是我先假设她的看法是对的，不用证明，如果我不同意就得拿出理据来。这很适合我俩的性格（这也可能是男与女的典型）。我是重分析，她是重直觉，要她论证是为难她，尊重她就是尊重她的直觉。她对孩子的直觉也确实特别准。孩子说谎瞒不过她，总被她人赃并获；孩子取巧也讨不了便宜，总被她挑破玄机。因此，应重罚时重罚，可轻判时轻判。她的厉害孩子们口服，也心服。她和孩子像猫鼠游戏，但她是爱心的猫，他们是顽心的鼠。在这个游戏里，我仍是"一家之主"，无可置疑。孩子尊重我，因为妈妈要他们尊重爸爸。我也乐意接受这种被幽默的尊重。他们听妈妈的是因为他们尊重妈妈，他们尊重妈妈是因为从小就知道两件事：妈妈说了算，妈妈说得对。前者是我的贡献，后者是妻的天才。

刚结婚时，我有很重的"一家之主"意识，但现在想法不同。有家才有主。我看见过很多无家之主，因为由他做主的是个分裂的家、不和的家、不成家的家。我相信家要有主，但不是主人，是主持、主导、主力。这样的家才会稳定、健康。

在我家，大事我管，小事妻管，但我家好像从来没有什么大事。从前看一部电影，片中，妈妈对待嫁女儿说："你爸爸是一家之主，是头，我只是颈；但颈怎样转头就怎样转。"孩子们都知道，一家六口，我排第六。头是妻，尾是我。我的解释是，这个家，我与妻是首尾相连，孩子在我俩一前一后的照顾下，长大成人。

老二是我家第一个娶媳妇的。我见孩子们都长大了，要离巢了，思他们的过去，想他们的未来，是传给他们"家训"的时候了。在老二的婚宴上，做父亲要讲话。我说，我家四个男孩要做四个好男人。好男人要慷慨、正派和有服务精神。慷慨当然指金钱、时间、才智上的慷慨，但更重要是感情上的慷慨，也就是大方、量度。正派，尤其是在男女事上的正派，是男人的最高人格；尊重女性就是尊重自己，尊重自己是一切人格的起端。服务精神是丰盛人生的最佳保证，服务他人使你超越自己，超越自己才可以真正地做人类的一份子。

　　依爱尔兰的风俗，在婚礼上要做这样的祝福："愿阳光在前面照着你的脸，愿海风在后面吹动你的帆，愿你看见你孩子的孩子！"今天，四个孩子都成家了，我共有十一个孙儿。我明白看见孩子的孩子是怎样的喜悦，怎样的满足。我祝福他们，也感受到自己的幸福。

# 老　大

　　老大有病。七岁那年，学校屡次投诉，说他在课堂不断打嗝，影响同学。小孩子常会有些小动作，如眨眼、喷鼻、抽膊、清喉，长大后自然消失。但老大的动作比其他孩子严重，校方说他是有意捣蛋，天天都被抽出课堂，罚坐在校长室一角。老大从小倔强，但听话。妻和我都认为他不会是故意。但我们很担心，担心他的学业，担心他的健康。某天，校长打电话到家里，说孩子在学校实在太骚扰老师和同学，考虑要他退校。妻说老大是听话的，校长说："你说他听话？好，我现在把听筒给他，你叫他听我的话，马上停止打嗝声。"对孩子的苛刻，对孩子妈妈的创伤，我心里到今天仍留下深深的烙痕。

　　老大的情况继续恶化，打嗝外还不断地抓脸，眼角损了也不能复原。医生也没法子，甚至不知是什么病。孩子同学的妈妈是个护士，在医院无意看到一份有关"抽动症"（Tourette Syndrome）的资料，叫我们寻访对此症有认识的医生去看病。就这样，终于断定老大患抽动症。老大现在四十岁了，几十年来，他与病搏斗，酸甜苦辣尝尽，坚强了他，坚强了家。

抽动症是遗传的，病症可以用药控制，但是治不好的，因此会是终身的。这种病不会致命，甚至不会令身体衰退，但使人畏惧，使人讨厌，像麻风一样，受社会歧视、排挤。用药可以抑制病症，但副作用很多，最常见的是使用者变得迟钝、呆滞。我们决定不用，因为我们不想改变老大。他既然天生抽动症，我们就得接受这挑战。

我们参加了一次"抽动症患者互助会"。十多个患者和亲友（主要是父母）都是病情比较严重的，有的不断尖声高叫，甚至粗言秽语，有的自残、揰面、捶胸，有的吃了重药像梦游，像僵尸。妻和我看见这些就是老大的将来，心里酸得很。轮流发言，都是诉苦，都是说社会不公，全是怨天尤人的自怜。我们最不想老大因病自怜，决定不再去。

生病已经是坏事，再加上自怜更是沉沦苦海。我们要老大接受他的病症，但拒绝被病魔改变个性、影响人格、支配命运。我们与校方沟通（那个苛刻的校长因其他事失职，已被调离），告诉校长孩子的病和有关这病的资料，请他跟老师们和同学们解释。"恻隐之心，人皆有之"，你愿意向人交心，人也愿意以心还心。我们还跟校长说，"小孩子有病值得同情，但他不可以利用这些同情去不守规矩。病是病，可以通融；操行是操行，绝不放过"。这校长非但愿意帮忙，还把资料复印，发给全校的老师，又在早会上向同学们宣布此事。更令我们感动的是同学们的同情与支持。老大的同班同学把他看成班里的"吉祥物"，谁敢欺辱他就是欺辱了全班。

我们（主要是妻）与校方保持紧密的关系。学校有什么事情要帮，一定帮。有一点我家与别家不同：一般家长是有事不满才与学校接触，总是投诉、批评之类；我们是"扬善"，哪位老师好，我们就写信表扬他（她），感谢他（她），并把副本寄给校长（表扬老师），甚至教育局（表扬学校）。好的老师很难得的，家长应该支持。教育是任劳任怨的工作。真正好的老师对同学肯定要求高、教导严（老师不是朋友，教育不是娱乐）。日后有成，有些同学还会记得老师，但哪个家长会记得把孩子教导成才的那位好老师？老师们对我家的孩子（包括日后的老二、老三、老四）很关照，尤其是编班。关心孩子的家长都希望孩子编入好老师的班上，但从学校角度去看，编班的考虑是多方面的。升班之前，我们总会找我们心仪的老师说项，让孩子编进该班。这时，我们的"扬善"可能起了作用。老师乐意，校长同意，我家孩子编班总是水到渠成。我们非但在学校"扬善"，在校外也为老大广结善缘。我们全家近视，老大也不例外，但他不停抓脸、揖面，眼镜戴不上两天就被他弄断、弄破。卖眼镜的也是个好人，不断把保修期延长，能修就修，不能修就换，多年如是。老大力大，抽动症使他破坏力极强，摔杯，撞墙，家里橱柜、家具、墙壁的修补，不知劳烦多少人，但总有善心人免费或低价地为我们做。老大的病教晓我们欣赏人性之善、世界之美，并常怀感恩之心。

自助人助，老大也有些吸引人的地方。他聪明而慷慨，很得同学们拥护。同学功课有困难，他是顶帮忙的。课后补习、考试预习，同学们都是围绕着他。考试更是妙事。由于他的抽动症不断恶化，叫声越来越大、越尖、越频，抖动也有增无减，学校原想安排另一个房间让他考试，但同学们却要求他跟大伙儿一起考，原因是他会把答案喊出来。一个同学会自言自语地说，"第八题答案是，唔……"，老大就会不能自制地叫出这道题的答案。

老大有幽默感。有新同学不知他的病，想嘲笑他。他把这同学拉到眼前，在他脸上轻轻吹口气，然后神情严肃的对他说："你现在也染上了。"这同学吓得面无血色，其他同学哄堂大笑。老大与人说话常喷口水，因此说话时常常转过脸去，以免喷及人家。但与人说话而不看着人家，好像不够礼貌。有一天，他对朋友说："以后说话我会鼻子朝天，不是不尊重你们，而是不希望我的口水会喷在你们脸上。"

老大的慷慨和幽默使他很得同学爱戴。他的"死党"对他既佩服又保护。市内每年都有学生足球赛，他也参加。别的家长看孩子踢球是看孩子射门多少次、射进多少球。我们家看老大踢球是看他的脚与球接触的次数，通常每场只有三四脚。人家孩子追着球去踢，他却追着人家孩子去聊天。可是，他的队友们都是好手，都不介意他上场。结果是他年年拿锦标。大家聚在一起时都笑他踢不上两脚就拿了奖牌，当然都是善意的戏谑。

我和妻都认为自怜要不得，自信才是积极。自信不是骄傲，更不是自以为是，是自知和自重：认识自己，尊重自己。我们要他认识到，抽动症会与他一生为伴，但他可以拒绝被抽动症支配一生。自信不是任性。任性是自我中心，自信则来自信人。一个孩子相信父母，相信家庭，自然就会相信自己。父母和家庭的佑荫、鼓励与爱会使孩子处事不惧。知道跌倒了有人扶就不怕跌了，就敢放胆去闯了。老大的病也使我们对残疾人多了一份了解。他们真正需要的不是怜悯，而是鼓励。

老大的成长绝对不是一帆风顺，但他知道永远有家庭在背后支持他。其实，妻和我也是跟他一起学习，一起成长。当初一段日子确是黑暗：医生不知道他患的是什么病，学校不同情，亲戚朋友不明白，连我们自己也手足无措。中间有几天病情稍有好转就如释重负，好像曙光重现。可是不过几天病情又恶化，比之前更差。那种患得患失的心情使我们精神濒临崩溃。眼看这个七八岁的孩子生活得像惊弓之鸟，他将来的日子怎么过？他知道我们为他愁，但小孩子不懂为自己愁。我希望他懂事，又心疼他不懂事。这个遗传病使他无辜受苦，父母又无能为力，但又不敢让他知道，怕他泄气，忍着的泪水只往肚里倒流。可能是天见可怜，来个突破。一天，妻想："上天，这孩子是你交给我的，但我实在束手无策，如今把他还给你，是你的责任了。"那一刻，妻觉得肩上的重担被拿走了，心内也安详了。孩子的病情并没有改变，仍是时好时坏，而且坏多于好，但患得患失的苦恼消失了，代之是一种既来之则安之的泰然，一种自助天助的信心，令家里的阴云一扫而清。孩子对父母的心情是顶敏感的，父母不担忧，他就不会担忧了。

老大性格倔强，但抽动症教会了他生存之道，使他能屈能伸。倔强与坚强，一字之差，天壤之别。倔强的性格经过好好的成长就会变成坚强的人格。这也是跟信心有关。他在美国念书，碰了很多风浪，为免我们担心，很多事情只是轻轻带过。记得有一次我去加州探望他，闲谈间他说："你试过被人用枪指着脑袋没有？"原来，有一次，一个黑道人物受不了他的声音，拔出枪来恐吓他。他的抽动症为他招惹的麻烦太多了。他喜欢看电影，影院里，他的尖声特别骚扰别人，有人要揍他。老大从小就健身，学功夫、西洋拳，而且力大，打架是不吃亏的。但他跟这个人说："你要打，我会跟你打，但你先想好，若是你打赢，你是打赢一个残疾人，若是我打赢，你是败于一个残疾人之手。"结果当然没有打成。抽动症令他不能控制手足，他却念上化学。实验室内都是玻璃东西，他用试管的难度比一般人高很多。到了研究院，他避重就轻，念"干化学"，也就是电脑模拟，在华盛顿州立大学研究大气化学。他不能控制手的动作，整天扯自己的衣服，口袋、衣扣全是破的。但他学晓缝纫，衣服都是自己补的。大学开始还研究男士时装，教男士们怎样穿衣服，还创办一个精品时装网站，相当成功，被 *TIME* 杂志采访。网上广告收入比他做教授的工资还高。这种不屈的奋斗，都是他的师长、同学、朋友们乐道的。

我妈妈很担心老大找不到老婆，常常问及老大有了对象没有。老大很自信地说，他找老婆要找个聪明漂亮的。结果，大媳妇确实漂亮。她也是在加州理工学院念博士的，比老大小三岁，同校不同班。她先念化学，后转数学，在超短时间内完成学位。可以说，她比老大聪明。他们现在一家六口住在美国爱达荷州一个小镇。抽动症依然，但镇上的人完全接受了他，视他为一个有个性的异人。

有缺陷的孩子不可自怜，须有自信。培养孩子自信，要教他信人、信天。我相信自助、人助、天助，更相信爱是一切。

# 老 二

1959 年奥斯卡最佳影片《宾虚》中有一幕，是一个跟宾虚同样憎恨罗马人的阿拉伯酋长向宾虚介绍他的四匹良马，希望宾虚在马赛中挫败罗马人。酋长是爱马之人，待马如子，说这孩子跑得快，那孩子斗志盛，另一个孩子后劲强。到了最后一匹，他说："这是我最疼爱的儿子，他不是最快，不是最强，但是最稳重最可靠。你要把他放在内侧，尤其是转弯的时候，你要靠他稳定其他三匹马。"这就是我家的老二。他曾以此为题写了一篇小品文，凭此拿到大学四年的全额奖学金。

老二属蛇，性格也像蛇，可以纹风不动，可以动如疾风。老大极难凑[1]，老二顶易凑，好像是上天给我们的补偿。当初我们还担心他弱智。出生前在母亲的肚子里动也不动，出生后到两岁还不会说话，但一说话就语句整齐。家里头他不是最聪明的，但最被尊重。如今，四个孩子都成家了，但他们

---

1  注：广东话，伺候之意。

预立的遗嘱里都指定老二为他们孩子的托管人。

老二慷慨而长情，对家里、对外面都一样。老大有抽动症，很多孩子都怕。老二人缘好，朋友多。但朋友想跟他玩是有条件的：一定要让哥哥参加。久而久之，他兄弟俩经常在一起。老二从小在学校里就活跃。他们学校曾经从外地来了一个小同学，半途入学，休息时在运动场一角呆看其他学生嬉戏，也没有人邀他加入。老二看见，就走过去跟他搭讪。虽然他比老二高一年级，但从此两人成为好友。这小同学家里只有一个妹妹，玩不来，反而与我家四个男孩都是好玩伴。他课后、假期差不多全部时间在我家。我们当他是第五个孩子。他的父母经常打趣说要交我们伙食费。他与我家至今来往不绝。他被斯坦福大学录取为博士研究生，路费还是我家付的。

老二品性温文，又重原则，很得女孩子信任。中学、大学时代有很多女孩子跟他倾诉心事。如果对他不了解，很容易误会他是花花公子。我们信任他，但担心他"为人服务"花时太多，影响学业。但他似乎总可以应付，所以我们也不禁止，只是取笑他是女孩子的"蜜糖"。当然，也有些女孩子自作多情，但老二有种凛然的气度，最后，女孩们都当他是个可靠的兄长。

他不算聪明，但做事很有系统。念书总是第一名，我们笑他幸运，说他的同学比他更不聪明。他不置可否，只是微笑。当他说想从医时，家里人都认为很符合他的性情。在加拿大，进医学院不是易事。一般都是念完本科，甚至硕士、博士之后，才能进医学院。老二在大三就考上了，但他决定完成四年本科，也就是押后一年才念医科。一般大学不容许考上的学生押后入学，老二因此放弃了一所条件较优的大学，转进另一所允许他押后的大学。这也反映他有始有终的做人原则。

他很有主张，但肯听取人家意见。他的一生看起来一帆风顺，实因他能够从善如流，所以人生之路就走得畅顺。中学某年，学校组乐团，要他做团长。当时他的课外活动不断增加，虽未曾影响学业，但侵占他的睡眠时间。他像蛇，需要多睡眠，睡得少了就影响情绪。他妈妈要他选择，当团长就要放弃其他活动，并劝他不要牺牲驯良、温文的品性去换取成就和声誉。他马上听话。大学时代他念生物，跟教授做研究，题目很别致，是关于蜻蜓飞行时保持平衡的神经系统。在研究中，他有所发现，认为是突破，但教授不以为然。他与教授力辩，但终承认教授是对的。日后，他考医科，希望教授推荐，教授说："你是不是真想念医科？是的话，我就写一封人家不能不收你的推荐信。"结果，这封推荐信确实写得非常精彩，对他考上医科颇有作用。这使我想起我的读书时代。我念的是建筑，最后一年的设计是命运的终决，我跟班主任因设计理念争论一大场。在建筑系这是极少见的：一般人认为设计好坏是很主观的，很难辩；而且班主任掌管着生杀大权，跟他辩危险极了。当时我是初生之犊，理想地认为学问是要辩才明。结果辩之后我觉得他的理念不错，用上了。毕业设计最后评审时，班主任极力推荐，结果被评委给予最高分，我成为当届毕业的第一名。这成绩帮助了我日后出国留学。我的经验是，要有主见，不要怕与别人辩，但必须愿意听取别人的意见，并接受别人比你好的意见，那么，别人一定乐意给你建设性的意见，并乐意帮你。这比坚持己见或唯命是从更吸引人。

老二良善，但并不代表没有脾气。十岁那年，不知道为什么事老大刺激了他，他气冲冲地进厨房去拿菜刀。妈妈喝止、老大道歉才了事。这是罕见的例外。在平时他有种安定人心的气度。他不在家，其他三兄弟总是乱哄哄；他在家，一片祥和。他不属于爱说话或喜欢教训别人之类的孩子。但他的正直与平和，以及言行一致，使他周围的人自动地检点自己，很希望他的认可。在家如此，在朋友和同事的圈子里也如此。我希望他珍惜这天赋，辅之以自己的努力，使这世界多份安详，多份和平。

他所属的医院在多伦多市中心，周围是贫民窟，吸毒、嫖娼、酗酒、离家出走、无家可归，三教九流，都是社会底层。老二选择在这里工作是因为这里最缺医生[1]。医生的收入，

---

[1] 加拿大全民医疗保障，看病不用付钱。医生是按看病的次数向政府收费，诊断的时间越短，看的病人就越多，医生的收入就越高。贫民窟的病人看医生，诊病的时间最长，因为病症与病情跟经济、社会、教育等问题很难分开。做医生除了要有耐性外，还往往要做社工，因此较少医生会选择这些地点工作。

时间就是金钱，极少数愿意上门到诊的，但老二也做了——穷人往往没有车，也没有钱坐出租车，无法到医院就医。帮助病人外，他还帮助医生。加拿大医生属垄断行业，虽然天天说医生荒，但医生协会严格限制执照。加拿大人考上医科难，移民医生要在加拿大执业更难，此中最难的一关是语言和文化。许多外国资深医生移民，到加拿大后沦为房屋经纪或出租车司机。老二是国外医生考加拿大执照的少数补习老师之一。这是吃力不讨好的工作，费时多，收入少，他也做了。他整天忙得不可开交。但往往世事也公平。他干别人不干的事，渐渐在行里建立了一个好人做好事的名声。前两年，医院扩充一个新诊所，委他做主任，他才三十五岁。我希望他好好地保持他的服务精神。

我对他很有信心，因为他谦虚。家里的孩子都有点才干，所以家里很强调谦虚。真谦虚只可来自自知之明。对人说自己什么都不懂，不是真谦虚，而且是有点功利和虚伪，因为怕承担、怕说错，甚至是有点以退为进的权谋。真谦虚是：懂的说懂，但不骄；不懂的说不懂，但肯学。老二虽然牺牲高收入去为穷人服务，但由于他的工作表现和做事能力，拿了很多的额外任务，有行政，有教育，有研究，加起来比别的医生收入还要高。但工作确实辛劳。他有三个小孩，想多点时间在家，但这需要他放弃一些工作和收入。与我们谈起这事，他说："爸爸，你当年说钱的诱惑力很大，我现在才开始发现。我的收入是人上人，但现在要我放弃一点，心里很不舍得。"我很感动。老二能够对金钱的诱惑有这样的洞悉是他的福气。这也是真谦虚，因为他知道什么是对的，又同时认识到做对有多么难。他的话包含智慧与操守。智慧是知道对错；操守是坚持原则。这是中国文化中的"择善固执"。

这使我想起一件旧事。2011 年，香港政府有盈余，发给全香港成年人每人 6000 港元。凡有香港身份证的都有份，包括移民海外的"香港人"。妻保留了香港身份证，虽然离开近四十年，仍有"资格"拿那 6000 元。但她觉得这笔钱来自香港政府财政盈余，她没有贡献，决定不拿。压力四方八面涌至，亲戚、朋友说她笨，更有暗示她自命清高，也有说"你不要，可以做善事"的。妻的想法是，做善事也不应拿，因为这些钱根本不是你的，拿了就是不义。不义之财用来做了善事仍是不义之财。妈妈的身教肯定影响了孩子们。

老二只有中人之智，但有自知之明；他没有过人的才华，但有过人的毅力。他更有一套坚持的原则、一个淳厚的个性。他是幸福的，他周围的人也有如沐春风之感。

# 老　三

老三聪明而专心。岁半未足，穿着尿布，蹲在厅角，把弄着盒式磁带录音机，听儿歌，一听就是两三小时。自家兄弟在旁吵闹骚扰不了他，人家孩子在街上玩耍吸引不了他。五岁就是幼儿园音乐会的钢琴伴奏。上学从来考第一，钢琴比赛、绘画比赛、足球比赛都是拿头奖。大学毕业是全校第二名（他的系主任还怨他因为拍拖考不上全校第一名，为系争光）。在牛津念完博士后到加拿大卑斯大学任教，被选为全校最佳老师。然而，聪明的老三幼时却缺乏自信。

才干与成就不一定成正比。才干高的习惯了成功，反而变得害怕失败，往往不敢尝试，因为怕丢脸。看来事事成功，其实未尽全力。我家的作风是只求尽全力，不求尽成功。失败不是问题，从失败中学习才是关键。人是从失败中成长的。

老三成长期间，邻居都是有孩子的家庭，暑假时各家各户的孩子整天在街上活动，最热门的是骑自行车在区内的街上喧闹。一般小孩子三四岁就会骑自行车，老三七岁仍不肯学。人家骑着车，他用两条腿跟着人家跑，死也不肯上车。那次，老三跟一群孩子在家门口玩耍，妻认为要逼他学了。于是掣起"鸡毛掸"。这抹尘的家伙是我家的镇山之宝，用来打孩子。不过只用过两三次，而且是轻轻地挞。但孩子们"见掸色变"，因为代表妈妈动真气了。如今，孩子们都成了家，都有了自己的孩子，但节假日回来团聚时，几兄弟都以当年为什么被挞而炫耀、怎样子不哭而威风。（我记忆中只有老大、老四尝过其滋味。）但是，他们又会在自己的孩子面前把奶奶的"鸡毛掸"形容成尚方宝剑、有见血封喉的恐怖。

妈妈对老三说，如果再不上车，就会拿"鸡毛掸"对待。我们对老三从来很少责骂，这次可能是第一次。他吓得大哭。老三哭声又凄凉又害怕，左邻右里的人都出来看。十几个孩子，十几张嘴巴，有说"不怕不怕，我推你"的，有说"用我的车，很安稳"的，有说"我旁边跟着你，不会跌"的。老三上车，孩子有扶，有推，有叫，不到半个小时就学会了，第一次真正地自行了。十几个孩子的欢呼声中，既有成功感，也有人类的关怀和善意。

我家是以"尽个人全力"（personal best）来评价孩子的。老三的成绩永远是全班最高，但我们对他的要求是"求诸己"：今天要比昨天好，明天要比今天好。我们要他把目标放在能力可达的最高限，然后再加高一点点，这才是真正的

"尝试"。聪明本身没有道德价值，怎样去用才代表价值。道理很简单，聪明、美丽之类的东西是没有选择性的：聪明的人不能选择不聪明，美貌的人不能选择不美貌，这些只是天赋。"尽个人全力"就是不辜负天赋，发挥天赋。这是第一步。第二步是履行天赋的目的，就是行天道。每个人都有责任去为自己的天赋寻找应行的天道。天赋越高，责任越大，因为行差踏错的影响越大。所以，我们对老三求学、做事的取向都是很关心的。

才与骄往往是一起的。我家是这样挫骄的——假若你的才华是百中有一，也就是头的1%，你是精英；再假如你是头的1%的1%，你就是精英中的精英，万中有一，这样的才华，在此时此刻，世界上有六十多万人。古往今来，不知多少人比你聪明，比你能干，你有什么值得这么骄傲的？唯一可以值得骄傲的是你没有辜负上天。上天给你的，无论多少，你好好地用，也用得好好的，那就是无愧，那才值得骄傲！

聪明的人往往对别人不耐烦。这并不全是因为骄傲，而是以为别人也像他，"举一隅，反三隅"。我家没有电视机，聊天的时间特别多。每天晚饭后，全家总会坐上个把小时，天南地北，国事家事，什么都聊。当然有不同意见，有争议。我家重逻辑，凡事要分析（妈妈除外）。老三脑子转得快，词锋也占便宜。但我们总要他慢下来，把道理说清楚，让大家都明白他思路的来龙去脉。我们要他知道，快不一定是对，聪明人也有可能看不出自己的破绽。"三人行，必有我师焉"，要别人相信、要别人参与，你一定要尊重别人的速度。慢工会出细活。讨论不是辩论。辩论是求胜，讨论是求知。胜是一时之快，知才终身受用。聪明的老三，长大后是聪明加耐心的老三。他教学拿奖，主要是靠耐性——耐性地准备、耐性地讲述、耐性地辅导。他是教纯数的，但学生中大部分是学工程。老三绝对不把对学生的要求降低，他的课是出了名的难，但他把数学原理理得简洁清晰，再配上音乐、哲学、文学多方面的知识去演绎，课后更不遗余力地为学生补习。他对数学的投入感染了学生，他们也不自觉地投入，不少学生因为上了他的课而考虑从工程转纯数呢。我相信他小时在家里养成的耐性不无帮助。

老三对数学从小就有兴趣。数学使他谦逊，谦逊使他受学生爱戴。他曾对我说："爸，数学已有几千年历史，是门成熟的学问。我们的研究跟别的学科不同，很难有大突破，都是在前人的基础上加一点一滴而已。"在今天人人求"出位"的学府文化里，这种老实难得。但老实底下是种自信——认为默默地耕耘，点滴地收获仍是很有意义的工作。难得他有自知之明，但无自卑之感。他自知有点天分，但不是天才，所以他很早就决定教学，去发掘天才。他上牛津拿奖学金，靠的是一篇自我介绍的文章。文中，他希望做个像英国哈代一样的数学家。哈代在 20 世纪上半期的剑桥任教，有点名声，但不算宗师。世人对他的认识是他"发掘"一代奇人拉马努金（1887–1920）。拉马努金是印度人，家贫体弱，但是数学天才，而且是自学成才。他着迷数学，忽略了其他科目，以致考不上大学，但仍是努力不懈，不断在印度发表论文。那时，印度是英国殖民地，有人鼓励他把研究成果寄给英国数学家。他寄出后，有些人不理睬，有些人指是伪作。但哈代一看，惊为天人，千方百计请他来到剑桥。拉马努金在英五年，研究成果至今未有人超越。印度政府于 2011 年把拉马努金的生日（12 月 22 日）定为"国家数学日"。拉马努金病重时哈代去探望他，眼见英才将逝，找不出安慰的话，就说"我坐出租车来，车牌 1729，可算是个没有什么意义的数字吧"。拉马努金说，"不，它代表着两套从两个不同数字的三次方之和得出的最低数"（$1729 = 1^3 + 12^3 = 9^3 + 10^3$）。此事至今仍为人津津乐道。后人用他的发现而开拓的研究领域不可胜数。哈代的伟大之处是自知不如拉马努金（他把拉马努金形容为数学史的几个顶级大师之一），而且研究方法也与他有冲突（哈代重论证，拉马努金重灵感），但他对拉马努金的支持始终如一。可惜天妒英才，拉马努金死时只三十三岁。老三教学，有点伯乐的味道。虽然是有教无类，但总希望此中有千里马，有一天会脱颖而出。这种教学情操自然会感染学生。于是，"庸马"想变成"良马"，"良马"

Family with Four Boys

想变成"千里马"，自然是教学相长，他也如鱼得水。

音乐是他另一个兴趣，而且，他能够不看乐谱，听过一遍就弹出来。钢琴是培养纪律的好工具。手指按在这个琴键上就只可以发这个键的音，对与错是分明的，没有争辩的余地。当然，到了艺术高峰，自然有所谓演绎、即兴之类的造诣，但孩童阶段的学琴，主要都是按谱的，所以是纪律分明的。

数学也是极重纪律的，逻辑的纪律。每个求证都不能苟且，每条推理都不容漏洞。数学与音乐都是极严谨的学问。更妙的是，它们都是种艺术，最终的评价都是"美"。老三上大学的奖学金是靠一篇论文，谈奥地利音乐家勋伯格的音调理论与数学的关系。在大学，他主修数学，兼修音乐。他是合唱团的指挥，并出版了两张合唱曲的光盘。他的太太也是在合唱团认识的。

老三在数学和音乐上都是极有纪律、一丝不苟，但在生活上则往往心不在焉，家里头常闹笑话。小时候，不知丢了多少鞋、袜、雨具、文具。但也不能说他是书呆子。他社交活跃，既能踢球，也能下厨。我的朋友都说这孩子很特别。我特别喜欢他的为人原则，尤其是对钱的看法。这可能跟我自己是穷人家出身有关。穷家孩子长大后一般有两类：穷怕了，拼命赚钱；穷过了，难不倒我的。我属后者。小时候家道中落，从中产跌落赤贫。虽然我一份工资养活六个人，不如夫妇二人工作、孩子又少的家庭，但孩子们都不能说捱过穷。家里闲谈时，我也有说说往事。可能他们听了入心。老三在牛津还未念完，一间叫 Mckenzie 的顾问公司就想聘他，工资优厚极了。老三毫不考虑就推掉，因为这间公司是出名的"为钱服务"。去年，他被选为最佳老师，是有几千块奖金的，他全捐掉了。这孩子有前途的。

小时候，他的头盖骨比人收得早，头顶到后脑有一条微凸的项骨，有点"头角峥嵘"。聪明人往往有两个弱点：骄和躁。老三可幸得免。他的心不在焉可能是种福气，使人觉得他与人不同但又与人不争，让他有空间去发展自己独立的人格、不诲的精神。希望他做个伯乐，发掘和培养出千里之驹，造福人类，那他就此生无憾了。

我曾跟老三的媳妇闲聊，问她老三对她的吸引何在。她说："他有原则和理想，但又温文和幽默。"这个形容极贴切。

老大和老二。摄于 1979 年，老大五岁，老二两岁。

家有四男。摄于 1983 年，老大九岁，
老二七岁，老三三岁，老四一岁。

# 老　四

　　老四热情。我妈叫他"单料铜煲"。这是广东俗语。"单料铜煲"是用最薄的铜片做的水煲，"快热"的意思。可能因为他最小，总是想跟大的一起玩，只要有得玩，什么差事都愿意去做。玩"兵贼"游戏，他总是做兵，哥哥们做贼，怎能捉到？街上孩子玩，他也要一份儿，但他不知人家玩的是什么，只是跟着人家走东走西已经觉得好玩极了。人家见他呆兮兮地跟着跑，就笑他，他看见人家笑也跟着笑，结果全体大笑。他就是在笑声中长大的。

　　他热情，肯帮人，也不怕吃亏，可以说是不知吃亏。人家见他什么事也不介意，反而对他也不大欺辱。我发觉，你对人家好，人家很难对你不好；你对人家不好，人家很难对你好。所以，老四一生好运气。他常常遇"贵人"也不是完全没道理的，我们也因他得福。我家附近住了一户意大利人，我们初来的时候，那位意大利太太还以为我们是越南难民。老四出世，那位意大利先生特别喜欢他。虽然他们有一个儿子，但差不多把老四看成己出。他是个木匠。我们家里要修理什么，他一力承担。我们不知受惠他多少。若干年后，他搬到别处，自盖新房，老四就跟着他铺水泥，切砖头，盖瓦片。那时，老四的愿望是长大做木匠，逗得这位意大利先生高兴极了。我们的隔壁邻居也是个老外，一家四口，两个孩子比我们的老大大一点。老四常常找他们去玩。老四找玩伴是大小通吃，人家的孩子比他大好几岁他也照样跟。这拉近了我们两家的往来。这位老外是市内一个运动馆的工头，认识建筑维修的许多门路。我家修屋顶、铺地板什么的都经由他拿到很多方便。他很早退休（政府给的退休条件非常好），但精力过人，至今我家的割草、铲雪、修篱笆等等杂工都由他做，羡煞别人。这也是因为他与老四特别有缘。

　　热情的人容易交朋友，但也容易交上损友。四个孩子中，老四给我们的麻烦最多，但也给了我们最大的乐趣。他性情比较纯，也可以说比较懵。小学男孩子喜欢捣蛋、作怪，但又怕老师罚，于是就唆使老四去先做。他也照做。什么掷石头、涂墙壁、偷零食他都有份儿。妻与他心有灵犀，她好像有天眼，错事、坏事总逃不过她的法眼。她一盘问，老四就从实招来。单是罚是没用的。我家是把品行放在学问之上，顽皮不矫正，劣根一生成，大时变坏蛋。但是，我们只能教自家的孩子，人家的孩子管不了。家里有我们教，但学校不能全靠老师。老师要管的事情多，要管的孩子多，不可能全心全力为你的孩子服务。于是我们决定帮老师，其实是帮自己的孩子。妻是全职母亲，可以每天驻在学校看管老四，但校方与老师都不会让家长坐在课堂，这骚扰上课，也是对老师不敬。于是我们另想别法。

老四上的小学也是他哥哥们上的学校。由于老大的病，我们跟学校的关系很好，对学校的情况也很了解。学校有一个图书室，但因为经费、人力有限，很难养活一个专职的图书管理员，只能由老师兼职。妻跟校方商量，来做图书室的义工，专负责编修书目。于是妻从此"上班"，从老四小学一年级做到中学二年级。休息时妻在操场溜达。老四知道母亲在"监视"，也不敢胡来；别的孩子看见老四的妈妈就在附近，也不敢去惹他。学校规定学生自备午餐，中午不能外出，但如果有家长照料就可以到校外用餐。妻知道单是避开损友不够，还有选交益友。她发起：凡与老四玩的好孩子，她会带他们每周外出一趟，或吃麦当劳，或吃意大利饼。于是大家都争做老四的朋友。外出午餐那天是大日子，一行五六个，由妻带着，在全班同学艳羡的目光下徐徐而出。老四就是在经妈妈挑选的益友中成长。当图书室义工或带同学午餐都是妻自己创造出来的机会，但我认为所有学校其实也可以用类似方式组织对孩子学业和品行特别关心的家长，一方面提供渠道给家长参与孩子的教育，一方面利用家长的义务劳动去提升学校的水平。

老四的缺点是鲁莽，但相应的优点是反弹力强。鲁莽使他不知碰过多少壁，反弹使他处处重获生机，不断成熟。而且，他人生中还得到很多人的帮助，这点与他热情、性纯很有关系。中小学时代，对朋友、对老师、对长辈的鲁莽已经带来了不少麻烦。中学毕业是全校的第二三名，上大学拿全额奖学金。他念工程，大二时要选系。按他的性情和能力，应念机械工程。他见自己大一的成绩不错，决定念工程数学。他既坚决，我们也不勉强，只要求他与校方沟通好，如果念数学出问题，可转回机械。果然，成绩大跌。不知是他自己鲁莽，没有贯彻落实与校方沟通并把校方的口头答允备案，还是因为那年学校招收机械工程的本科生急增，以至人满之患，校方不让他转回机械工程。家里"开会"，决定不跟学校争，集中精神处理如何念好数学。老大的病给了我家一种"不要自怜，要自助"的精神。先是稳定阵脚。我们和老四定下的底线是就算多读一年也得把工程数学念完。但老四的天分不在数学，兄长们（特别老三）的辅导也只能够弥补一点，我们认为更重要的是要打好基础才升级，否则就永远是捉襟见肘。这点，还是要教授帮忙。老四最差的一科差两分才合格，很多人叫老四向教授查卷，希望可以追回合格。跟教授查卷就是不信任教授的评卷，争到了仍属旁门左道。我们也叫老四找教授，但不是求分数，而是求知识。我们要老四请教授指导他，重做考卷的题目，达到一百分为止，并请教授介绍一些可以助他打好基础的教材和方法。教授见他意诚，而且刚好是暑假，就亲自指点他补课，并且容许他补考。自助真的会得人助、得天助。一般的补考是把不合格提到刚合格，但老四补考的分数比合格所需分数高得多，教授竟然格外施恩，把新的分数放在成绩单上。这对老四日后考研究生有极大的帮助。老四就是有这种挫败后的反弹力，屡败屡战，终于有成，虽然成功落在哪里往往是出人意外的。

老四小时候缺乏自信，我们是这样子发现的。我家孩子不发零用钱，有需要就跟我们说。其他三个孩子从来没有问题；家里的零钱是随处放的。一天，妻发觉少了，追究起来。老四供出是他拿了，放在一个小钱箱里。他说跟同学一起玩会用钱，多要又怕妈妈责备，自己有了钱就觉得妥当多了。妻认为这是缺乏自信的表现，因为有信心就应该知道跟同学一起不代表要跟同学一起花钱；这也是对家庭缺乏信心的表现，因为有信心就不会怕要钱。但单是"教训"是不够的。妻"发明"了一个办法。她给老四一张二十加元的钞票，说花了多少就把余钱交换另一张二十元钞票。问题马上解决。这张二十元钞票稳定了老四的心，不再担心没钱用。二十元钞票在那年代也算大钞，非必要时他舍不得用，因此他就不随便跟同学花钱了。妻的福至心灵，一箭双雕，坚固了老四对家的信心，对自己的信心。

　　老四"死不了"的斗志部分来自对自己和家庭的信心，另一部分是出自他的慷慨。一般家庭里，弱的孩子对强的孩子往往有点心里不平衡：自卑、艳羡、嫉妒，或者三者有之。但老四却以兄长的成就为荣。这比助人的慷慨更难得。当你比别人优越时，对人施惠的慷慨给你快感；当别人比你优越时，对人施敬的慷慨需要气度。我不知是否男女有别，但男孩子对成就、优越是看得很重的。我家四兄弟之间从来没有比高低，因为孩子们都知道爸妈从不看谁高谁低，只看谁尽力。老四的天分不高，反容易看出他已经尽力。正因如此，兄长们也愿意扶持他。记得老四的硕士论文是有关瘟疫病传播的数学模拟（他念生物数学），那时兄长们都已经各散四方，但在加州念大气化学的老大帮他设计模拟的结构，在多伦多当医生的老二帮他找疫症资料，在英国念数学的老三帮他复核模拟的方程式。到最后冲刺阶段，兄长们还把正事放下去帮他。老四的慷慨对外人也一样，他对朋友差不多是有求必应。可能是这个原因，他朋友满天下。我不敢说这些朋友个个都好，但总有好的。老四则相信大多是好的。这是他的福气，对人的信心使他乐观。确实，他碰壁多，但差不多次次都是否极泰来。

　　我的妈妈常常说，"做人不要怕蚀底，蚀极仍有个底"。这是广东俗话，意思是不要怕吃亏，因为亏不了的。老四不怕吃亏的性格使他"人见人爱"。他长得非常高大，给人温顺巨人的感觉。他的助人和热情特别得老一辈的喜爱。老四结婚生孩子后，我妈妈就说："这孩子成家了，需要置家了。"老四买房子首付，她坚持出钱。在她十三个孙儿女中这是唯一。

奴牛 梁偉進

# 家 庭

家庭不是社会的缩影，
家庭以爱为本，而社会是以利益联系；
父母对孩子不可民主，
因为父母和孩子的关系是不对等的：
父母对孩子的爱是先天的无条件的，
双方并无契约关系，因为永远没有办法拆伙。

# 妈　妈

　　如果好妈妈的定义是爱孩子、教育孩子成才，妻应算是好妈妈，但肯定不是"天生"。婚前的她，在我朋友的眼中是个善交际、懂享受的女孩。从我俩认识开始，她就自认"懒"——懒于理想，懒于追求。婚后，孩子接踵而来，朋友们都惊讶她肯跟我"捱世界"。跟着，孩子一个个地成长，我的事业一步步地开展，朋友们都艳羡我有她为"贤内助"。到今天，人人公认她是好妈妈（也是好妻子），但她的惰性没有改，反而变本加厉，越来越懒于理想，懒于追求。但我相信，这是她成功的原因，因为她懒得聪明。

　　好妈妈不一定是好妻子，但好妻子肯定有助于成为好妈妈。好妻子是夫妻和睦的基础，夫妻和睦是家庭和睦的基础，家庭和睦是孩子健康成长的必要条件。我个人比较重理想、重追求，妻尊重我的理想，从来不阻挠我的追求，但坚持我的追求不能影响家庭的和睦与安稳，也就是不能把事业的情绪带回家，并必须履行养活妻儿的责任。这招聪明极了：理想与追求是无止境的，而且有不断膨胀的倾向。妻有先见之明，一开始就划下底线，保护了家，也解放了我，给我一片自由天地去驰骋。她的懒于理想、懒于追求反使她成为我的客观忠实顾问。我与她之间从没有竞争的意识（很多事业心重的夫妇之间都会有竞争），因此她替我看事时比较中肯。她的懒中和了我的热衷，使我处事时比较冷静。

"懒"驱使她做个好妈妈：孩子不成才，父母的担子何日得了；孩子成才，父母才得脱身。因此，孩子成才之日就是父母重获自由、再得安闲之时。懒得聪明的妻就以孩子成长期十几年的"勤"去换取孩子成长后几十年的"惰"。如今看来，划算极了。孩子的成才使她无牵无挂，成才的孩子对她感激尊重。作为父亲的我也沾了大大的光，正是父凭母贵。

她有"懒而不惰"的哲学。孩子们如今也用来教他们自己的孩子呢！骑自行车不戴头盔、过马路不看交通、跟人打架、乱吃零食，她的金句是："跌死、碰死、打死、病死还算你福气，只怕跌得半死、碰得半死、打得半死、病得半死，休想我服侍。"当然，她断不会舍而不顾，但哪个小孩敢考一考妈妈？从小就受了这样家教的孩子自然做事比较小心谨慎，要管教四个孩子的妈妈也就多了一点难得的清闲。

妻念书不是顶尖儿，但也算是高才生。她常说，学生生活给她最大的启示是：顶尖人才念书是种享受，她念书则是种奋斗。人家享受是因为可以跑在课程的前面，自己奋斗是因为要追在课程的后面。上课时，人家是心领神会，自己则唯恐听漏了、跟不上。考试时人家胸有成竹，自己诚惶诚恐。孩童时代，上学的时间占了一大半，怎可以让他生活在震栗之中！因此，她要使自己的孩子视读书为乐事。她懒，不想孩子念书不成，成为她的负累；她自知，不想孩子视念书为苦差，断送了童年的快乐。

婚后，她做全职母亲，以孩子为事业，投下全部精力，以期尽早"退休"，去享受懒人生活。当然，当年并没有什么"计划"，只是见一步行一步的"摸着石头过河"，多年后回顾走过的路，才发现是最自然不过的选择。首先，孩子全部吃母乳，而且都是自戒的。孩子跟妈妈从开始就亲切（这对我也有好处，不用半夜起床）。她跟孩子好像心有灵犀，孩子不说，她也知道；谎话瞒不过她，因此孩子没有说谎话的坏习惯；心事也瞒不过她，因此孩子有跟她谈心事的好习惯。第二，家里不说英语，一方面恐怕孩子完全忘掉了母语，另一方面妻和我都是广东人，彼此之间说英语多别扭。有些移民父母唯恐孩子说不好英语，不能进入主流社会，在家跟孩子说英语。这很不必要。人家强调多元文化，你却先毁掉自己的言语。况且，孩子一上学就全是英语，学晓西方俚语、口语，父母的字典式英语听不入耳。但我家里不说英语代价也大——找不到会说广东话的临时保姆，因此妻和我没有"二人世界"。她和我都顶爱看电影，但从老大出生到老四入学的十多年，两人一起单独外出一次都没有，更遑论看电影。记得在麻省念书时曾经带半岁的老大去看戏，开场不到十分钟他就大哭，要带到影院大堂。妻和我轮流看戏，哪有滋味（也可以说极够"滋味"）。从此"息影"十多年。

我家孩子念书不错，主要是基础好，特别是数学和英语。中国孩子念数学好，人所共知。不知道中国孩子的血液中是否独具数学基因，但我们的祖宗确实留给我们一个宝贝——乘法表（九因歌）。单音的中文，加上十进的数字，构成一篇字字押韵、朗朗上口的乘法歌。不懂数理的孩子也可以念念有词地拿出答案。外国也有乘法表，但外国孩子可苦。中文是一字一音，英文是字字可以是一个到几个音。中国的"十一"是"十"加上"一"，"十二"是"十"加上"二"；外国的"十一"跟"十"和"一"全没关系，是完全另一个字（eleven），"十二"（twelve）、"十三"（thirteen）也是。对几岁的孩子来说，记乘法表就像要他记超级市场的价目表，苦也。我家孩子三岁就可诵念广东话乘法表。另一件宝贝是拼音。孩子们两三岁就懂英语拼音。英语是"音的文字"（有异于"形的文字"），懂发音就可以看书。字义不明就可以查字典，也是按音（不是按笔画）。懂看书才可以培养爱看书。有了乘法表和拼音，我家孩子从念小学开始非但没有困难，而且永远是跑在课程前面，所以念得轻松，也可以协助老师、帮助同学，养成了他们的自信与慷慨，也赢得老师们的喜爱。当然，乘法表和拼音绝不能代表数理和文学，而且这些强记式的小技巧往往有碍探索真知、奥理。但它们确实是很好的起步器，只要孩子不会因为稍稍跑在前面就自负自满。快乐的童年应该百尺竿头更进一步，而非惶恐震栗地在后苦追。

跟很多妈妈不同，妻从不偏袒孩子，非但如此，她更欢迎别人批评孩子，不管善意还是恶意。她的立场是多一个人批评就是多一个人教。批评对不对可以思考，但人家不说，你就不知。我们给孩子做的心理准备是要他们先听批评，尤其是长辈的批评，自己有错就改，没有错就想想为什么招来人家如此的批评，是否需要改善自己的态度，最后才是解释，而且要有礼貌。我们要孩子对自己有信心，对人性乐观。天下坏人、恶人不多，但坏人对坏事最通透，恶人对别人最挑剔，听听他们的批评增长我们做人处事的认识。其实，大多数人的批评只是反映了不同人对事物的不同观点和原则而已。听别人的批评有助于我们反思自己的观点与原则，是很有益的。想通了，自然不会意气用事。当然，如果是自己错，知错能改更是最高的自信。孩子们得老师的赞许、同学的爱戴，容易掉进自满的泡沫。妈妈不想孩子生活在泡沫里，她的办法不是刺破泡沫，而是不让泡沫成形。

妻懒。懒人不争，因为争使人累。不争就是无求，无求使人洒脱。她对孩子洒脱得很。青少年反叛性强，不满父母的管教时会顶撞（或想说）："我为什么要听你的话！我没有选择你做我的父母，我要的是了解我、支持我的父母。"我家孩子对妈妈的管教有不服气的迹象时，妻会先发制人："马上停止发脾气，虽然你是我生的，但不是我选的。我要的是个乖乖的孩子，不用管教。但既然生的是你，就得教，你最好还是听话。"加上她有四个孩子，使她更洒脱，常对孩子说："谁不乖都无所谓，我就当少生一个，反正还有其他的。"当然，没有一个孩子想做妈妈"当少生了"的一个。家庭文化一旦形成就有了一种无形的威力，孩子们对她又爱又怕：爱是因为她实在爱他们，怕是因为不想失去她的爱，因为她好像真的不打紧少了谁。从事实去看，她对孩子的爱是深而不浓。她跟孩子们从没有摸头捏面、甜言腻语的亲热，更遑论姑息、纵容。她的爱是弥坚弥深。

妻很坚持量入为出。除了房子按揭外，从没有负债。无债一身轻是乐事，而且还有几个好处。首先，要无债就要控制消费，控制消费就是生活简单，简单生活才能真正地欣赏生命。《浮生六记》说过，"山水花竹，无恒主人，得闲便是主人"，这就是悠然自得之乐。其次，要无债就要自律。我一个人的收入要应付六个人的开支，妻就得精打细算。每个月底她就会把当月的各项支出，包括按揭地税、水费电费、伙食衣着、学费交通，一一列出，然后跟我的收入相较，得出差额。她把这个"月结表"用磁片贴在电冰箱门上，几十年来很少赤字，慢慢来还有些积蓄。妻以此为傲，我以她为傲。自律生出傲骨。第三，欠债就要纳息。房子按揭、消费债项（信用卡）都是高息的。我们很早就还清按揭，也从来没有消费债务。无债之乐引发慷慨之情。看见家族中有人负债，妻会主动把积蓄借给人家还债。当然这不能公开，免使受惠者尴尬。但她被族人尊重，不无道理。

平价买好货也是她的拿手，尤其是衣着。她逛商场别具一格。市内十几间她去遍，但从不花时千挑万选，看见合适的就记下来，每周巡视，直等到价钱降到她愿付的水平才买。价钱未达她的水平之前被人买走她就选另一件去等。皇天不负有心人，十件之中总有一两件能等到。艺术眼光加上纪律与效率，"一折夫人"（Mrs. Ten Percent）的绰号当之无愧：一块钱买来十块钱的东西。如今，媳妇们向她学习，但经常仍要"师傅"出马。

妻的持家妙法是：无论衣、食、住、行，力求简单，但遇上适当机会就小题大做，营造气氛，称之为"Make it a Big Deal"。平常的生活，偶有点缀，格外有味。一个月省下的钱用在一天会觉得特别富裕；天天都想富裕反觉得天天都活得拮据。我那份极有限的工资在她好像有魔法的手里变得绰绰有余。"衣"不会缺，而且人人总有一两套精品。"食"一定足，而且每一两个月总有一次大快朵颐。"住"的房子虽然小，但每个孩子却有自己的房间。"行"才是她的最高成就。

旅游对她没有吸引力，除工作必需外我也没有寻幽探胜的冲动，但对孩子出游学习她是鼎力支持。中学和大学时代，孩子们除了回中国寻根外，遍游欧洲多次，有跟学校去的，有同朋友去的，更有兄弟齐去的。西方社会鼓励孩子筹款旅游，很多时候由学校组织。但我家孩子从不参与。妻的理论是旅游乃自家的享受，怎能要人家付钱。善事筹款可以，私事筹款不妥。没钱不去算了，不应占人便宜。但是她认为孩子增广见闻是很好的事，集体旅游还可以训练待人处世和随机应变。直到老四中学毕业为止，家里没有积蓄，全部余钱都花在孩子的"行"上。旅游得来的见识和成长就是家给他们的财富了。兄弟们都知道，我们身后不会留钱给他们：如果谁仍需要我们的钱就是没用，不值得拿父母的钱；如果有用，也不需要父母的余荫。

我家从开始就是由妻管钱，我的工资直接存入银行，户头是两人名字（以免任何一人有意外时钱被冻结），提款是她，开支票是她，我连密码都忘了。娶妻求淑女，因此婚前要小心，婚后连枕边人也不能信的话，人生就太没有意思了。有人说，男人有钱身痒，我没有经验。我没钱在身，确实轻松。

中国传统是媳妇服侍婆婆。这点，妻做到了。但她的媳妇呢？我家四个媳妇，三个半是外国人，不懂中国传统，但妻倒是"二十四孝"的婆婆。按传统，媳妇早晚向婆婆请安，她是每星期致电每个媳妇问好。她的原则是，管孩子，不管媳妇；她的道理是，媳妇是人家的女儿，应由人家的妈妈教。做得好，婆婆一定赞；做得不好，婆婆一定不批评，不然儿子就会左右为难。每个媳妇的生日，她是头一个贺，并叮嘱其他媳妇去贺。每个媳妇有什么要求，她总有求必应，包括媳妇们因出差或旅游请她来照料孙儿。媳妇们跟她合得来也是有道理的。有了孙子，她更"尽孝"。四个孩子天各一方，只有两家比较近：老四渥太华是两小时车程，老二多伦多是三小时，另外两个就要坐上几小时飞机了。我虽然退休，但工作并没有减少，周日仍是按时上班，但周末的时间就归妻御用了（妻的周末是指星期五到星期一）：一个周末在渥太华，一个周末在多伦多，一个周末让我休息，每三个星期循环不息。周日我上班，她逛店给孙子买东西。每周跟媳妇打电话是让媳妇们下订单，近的由我每次带着去，远的她寄过去。我没有小汽车，坐的是火车。人家开玩笑，说我是给铁路局打工，称我们到处探望儿孙是"巡视业务"。这位上孝婆婆、下孝媳妇的"四十八孝"的奶奶买东西给孙子也有一套。她有的是时间，走遍市内的商店，看中了上好货色就等，等到一两折才买，买不到就拉倒，换别的货色。受益的是儿孙们。也难怪奶奶到访，儿孙们就像如蚁附膻。

# 兄　弟

　　兄弟四人一起长大，吵架难免，而且是非难辨。刚才还玩得好好的，一下子就吵起来了：弟弟说哥哥欺侮他，哥哥说弟弟不守游戏规则；弟弟说哥哥没有把规则说清楚，哥哥说规则谁都知道——究竟谁是谁非？哥哥说弟弟故意弄坏他的玩具，弟弟说不是故意的，而且哥哥前天也弄坏他的玩具——到底是不是故意？弟弟说今天不应是他当值洗碗碟，昨天做了，哥哥说弟弟抵赖，昨天家里不做饭，吃外卖，没用碗碟，弟弟说昨天他收拾外卖盆子，今天应该是哥哥值日——怎样才算公道？

　　俗话说"清官难判家庭事"，因为家事是永远纠缠不清的。更关键是法官判了案就了事，但家事是永远没有了结的。父母不是法官，兄弟不是证人。如果是，家无宁日。我家只有一个原则：爱。父母与子女之间的爱表现在"父慈子孝"，兄弟之间的爱表现在"兄友弟恭"。哥哥对弟弟要爱护，也就是说，哥哥做得对不对全看他是不是为了爱护弟弟，弟弟做得对不对全看他有没有恭敬哥哥。法庭上证人对质是口说无凭，事事凭证据，因为法治的假设是私利当前，人人不讲真话。如果把家庭弄得像法庭，把家人看作证人，那就太可怜了；兄弟之间没有实话，家就完蛋了。怎样培养兄弟之间说实话？我家的做法是"先听话，后说话"，在总体上是"兄友"，在具体上是"弟恭"。

在家庭文化上，我们要求哥哥处处爱弟弟；在兄弟争执上，我们要求弟弟次次听哥哥。"兄友"与"弟恭"都是没有先决条件的。"兄友"是兄的本分，无论弟恭或不恭；"弟恭"是弟的本分，无论兄友或不友。这是因为长幼有别，上下有序。家没有民主，因为长幼、上下都是没有选择的。不想做哥哥的仍得爱护弟弟，不想做弟弟的仍要恭敬哥哥。这些，我们做父母的在旁监注，事事提醒。哥哥没有爱护弟弟是哥哥的不是，例如，与朋友玩耍没有关照弟弟，重的东西没有帮弟弟拿。久而久之，养成哥哥对弟弟的爱护、弟弟对哥哥的信赖。如此，哥哥的"权"是建立在爱的基础上。弟弟没有恭敬哥哥是弟弟的不是，例如，捣乱哥哥的游戏，抢哥哥的玩具。久而久之，养成弟弟对哥哥的尊敬、哥哥对弟弟的放心。行为上，哥哥有照顾弟弟的习惯，弟弟有尊敬哥哥的习惯；心理上，哥哥对弟弟没有戒心，弟弟对哥哥却有信任。家庭里，尤其是孩子未长成前，是不应平等的，因为长幼不同，上下有别；但应有公道，也就是对称的权利与责任。

良好习惯和平衡心态相辅相生，同样重要。孩子是没有大奸大恶的，这些都是长大后才现形，但都是在成长中成形。顽皮是孩子天性，但父母过纵与过严都会使孩子心态失衡。聪明的就假装或掩饰，不聪明的就放肆或反叛。因此，良好习惯和平衡心态不可缺一。在这基础上，偶尔的争执就好解决。我家的原则是"解铃还须系铃人"，兄弟之事兄弟清楚，关键是他们能否想得通和看得开。

　　纷争有两类。一是物之争，例如争玩具。我家是这样处理的。首先，兄弟两人都不准玩，各坐饭桌一端，不准说话，不准做任何事，直到问题解决。怎样解决两人自己定。往往是这样的情形：头一分钟两人怒目相看；第二分钟，两人闷；第三分钟两人开始互相逗笑。此时我们就问："还争不争？"齐说："不争了。"我们也不管兄弟间是怎样解决的，反正是解决了。由于从小就是这套，孩子们也学精了，知道吵是浪费玩的时间，所以也很少真的吵。二是理之争，例如是争公道。我家是这样处理的。首先问弟弟："听了哥哥的话没有？"我家规矩是就算不服气也得先听话。弟弟做好了，我们就问哥哥："你准备怎样去表示爱护弟弟？"此时，哥哥的气消了，总会找到一些可以让弟弟觉得好受的事情，例如下一次多让点弟弟、多给点弟弟。当然，我们会跟进，不容抵赖。由于从小就是这套，弟弟知道不想听哥哥话也得要听，但事后总会有些甜头；哥哥也知道对弟弟的权力是有相对应的责任的，因此对弟弟的施威也会权宜。这培养了兄弟之间的默契，各人懂得避重就轻，成长后做人处世也懂点分寸。当然，孩子长大后自然不会争玩具、争分工，但对家事、世事的不同看法并没有构成他们之间的芥蒂，反成为他们聚在一起时佐谈的材料。

法庭上，每件纷争独立处理，要"了结"，有胜有负。家庭里，血缘关系是没有"了结"的，家和万事兴。"和"的基础是"平"，不是平等，而是平衡。家庭成员之间的关系平衡，家庭才会和睦。但平衡是动态的，就像一个天平；孩子成长中，千千万万的事情会令天平倾斜。爷爷婆婆或对其中一个孩子偏爱，其他孩子艳羡之余，或会妒忌；叔叔婶婶寄来一件玩具人人想要，给谁都会有人抱怨。做父母的就要不断地调拨天平去维持平衡。我们的经验是在父母的爱之下、长幼有序之中，兄友弟恭可使大事化小，小事化无。

在兄友弟恭的家庭文化下，孩子们也会发挥他们的智慧去淡化一些无可避免的"争"。印象最深是分食物。四兄弟怎样分一块蛋糕或一盆菜？他们的办法是谁都可以负责分，但负责分的人一定要最后一个去拿。例如，要是老大分，就其他人先拿，最后一份才是老大的。因此负责分的人就会想尽办法分得最"公道"。每次分东西，但见分的那个聚精会神，其他的在旁指指点点。有次分月饼，一个月饼分四份，也就是两刀。馅里头有两只蛋黄，人人想吃，但是要切开月饼才看得见。老大操刀，有说这边下手，有说那边下手。一刀下去，饼分两半，哄堂大叫，因为看不见蛋黄。看来第二刀下去，可能有人会得全黄，有人要拿全白。老二说，这不妥当，大哥哥最后拿，肯定全白。老三聪明，说"分八份，每人拿两份，但分两轮拿，先四份，再四份"。我在旁看，四兄弟的童真和相互关怀，可爱极了。

　　我不知道有无科学依据，但总觉得他们兄弟间是心有灵犀、互相感应的。盛夏的一天，朋友请四个孩子去他家游泳。四个男孩子，加上人家的小女孩，五个孩子在池里嬉戏、在池边晒太阳，玩得很开心。妻和朋友在旁一边聊天，一边看管。老四才五六岁，虽然也懂点游泳，但水深过顶，所以坐在池边的妻对他特别留神。那一刻，只有老四在池中，其他孩子都在池边追逐。老四跟妈妈挥手，妈妈也跟他挥手。忽见老大跳进池里，急游到老四旁边，把他托起，拖上池边，马上给他做人工呼吸。老四的脸色开始变得死灰，时间好像停顿下来。突然，他吐几口水，张开眼睛。早有人拿来浴巾，妻给他擦身，抱着。孩子就是孩子，扰攘一番，危机过后，马上又去玩了。只是妻尤有余怖，刚才看见的老四挥手原来是挣扎。她问老大："你怎知弟弟有事？"才十二三岁的老大说："不知怎样知道，但就是知道。"到了今天，兄弟们调笑间，都说老四要听老大的话，除了是"兄友弟恭"之外，还得多谢"救命恩人"。

四兄弟就读同一小学、中学、大学。北美家长很重视孩子的独立性，相应地，北美孩子也很看重独立。这跟他们开国初期的拓荒精神有关——自给自足。但时移势转，如今很多父母要孩子离家是因为管不了孩子，很多孩子要离开父母家是因为处不了父母。上大学之日就是离家之时。美其名曰：大学乃进入社会的大门，大学期间离家自立就能学会处人处事之道。西风东渐，中国家庭也模仿人家。父母，尤其是母亲，虽然是不大舍得，但为了孩子成长，就要他（她）离家。

　　其实，今时今日的北美，自给自足已是神话。上大学的孩子，绝大部分不是真正的独立，仍是家庭供养，或由社会贷支。至于大学期间离家独处能否学好处人、处事之道，我家有着不同的想法。

　　我家孩子上大学不离家。首先，虽然当地的大学颇有名气，但我们自小就教导孩子不追求名校（这是指念本科，念研究院我们就鼓励他们找最顶尖的学府），所以他们也没有想去别处。但念当地大学也可以住进宿舍，孩子们的成绩都很好，以大学奖学金住宿舍是绰绰有余，可是我们不赞成。大学期间的年纪，恰好是年轻人最理想但又最冲动的一段时间。大学离家的实际效应是转移孩子需要相处的人，他要处的事仍是好好地念书，这跟在家与在外分别不太大，包括理财。所以，离家与不离家的关键差别是处人。不离家，他处的主要是家人；离家，他处的主要是朋友。

　　与朋友交，合则留，不合则去，学不了真正的"相处"之道。与家人处，合与不合都不能脱身，一定要处理好。朋友如衣服，可脱可换；兄弟如手足，终身相连。在孩子仍充满理想和冲动的青春期，如果学会如何跟家人融洽相处，日后受用无穷，处他人一定不会有问题了。这环节中，爱是条件，良好的习惯是基础。先是爱——有了"兄友弟恭"（一子之家可以是"亲慈子孝"），有什么不可解决的！朋友间有误会往往导致避见，失去澄清的机会；兄弟之间有误会就很难避见。加上有"兄友弟恭"的家庭文化，弟先礼让，兄后补赔，非但可以消除误会，就算真错也可以一笔勾销，重新开始。家事就像黑板，错了可以抹掉再来。这么说吧，上大学时留在家学处人，就像在实验室做实验，在尝试中学习；上大学离家独处，就像上战场学打仗，幸运生还的少，不幸战死的多，而且往往死得不明不白。离家上大学，上完大学，进入社会，年纪确是不断增加，但处人之道仍是一片空白。我家四个孩子长大后在处人方面还算可以：老大在学府和在商场上都有一帮好友支持，老二行医颇受爱戴，老三做教书匠被选为最佳老师，老四做医院管理也很得人缘。但最使我们安慰的是兄弟情深，这跟他们从小朝夕相对、兄友弟恭很有关系。

　　老三的奖学金特别丰厚。他脑筋刁钻，跟妈妈说："按法律我已是成人，不用你的批准就可以离家住学校宿舍。"妈妈说："你需要的不是我的批准，你想要的是我的祝福。我不会祝福你离家住校。"老三反应也快："妈，我不打算离家。因为我不想兄弟们因为支持或反对我离家而划出界线。"的确，四兄弟之间是没有界线的。

记得有一年四兄弟到西班牙旅行。老大的抽动症惹来一帮少年无赖的围观。老三用他半咸淡的西班牙话向无赖们解释，老二把腰带抽在手上要动武，十三四岁的老四也摩拳擦掌。他们四个人都学了多年武术，中不中用不知道，但很中看。无赖们见状，知道难惹，作好作歹地了事。这是四兄弟乐道的趣事。

孩子们都成家了，我对媳妇们的唯一要求是要她们珍惜和维护兄弟之情。很凑巧，四个媳妇在家里都是唯一的女孩，只有兄弟，没有姐妹。如今，她们之间情同姐妹。

## 媳　妇

　　最早结婚的是老二。媳妇是台湾人，加拿大长大，他们是大学同学，同届不同系。某天下大雨，女孩子在教学大楼门口踌躇：冒雨赶场还是避雨缺课？犹疑之际，老二上前，打开雨伞，对方点点头，并肩上路，就这样认识了。日后老二说，早就对这女孩子有意，大雨促成了好事。马拉松似的拍拖八年，求婚正值岁暮，约会于公园。初雪的小径，一片片的红玫瑰花瓣引路，从小桥头到小亭侧，那里，老二把订婚戒指套在二媳妇的无名指上。

　　其实，老二在四兄弟中最务实，二媳妇也是顶实际。她是独女，只有一个弱智的哥哥，父母整天忙于赚钱，是个人气少、空气冷的家。老二给她温暖，她使老二浪漫；她欣赏老二的做人原则，老二激励她原则做人。她家境很好，但坚持出嫁自己出钱。她的成长环境使她对生儿育女满怀戒心，当初说只要一个，现在已生三名，并恪尽母职。我们最安慰的是她开始懂得欣赏孩子的成长，家的人气越来越浓，空气越来越暖。

老大是迅雷式。那时他在哈佛念博士后。某天，家里电话响，妻接听，是老大："妈，我要订婚了，可不可以帮我找枚戒指。"之前我们没有听说过，当然更没有见过这个准媳妇。老大在加州理工念书时已认识这女孩，但只是一般同学。她比他低两届，而且不同系。老大毕业找博士后工作，哥伦比亚大学有位教授对他有意，他飞去纽约见工，一谈即合，还去纽约唐人街吃一餐庆祝才返加州。不几天，哥伦比亚大学来了通知，教授未依程序招聘，职位暂时搁置。老大自然不乐意，我们叫他耐心再去找。失之东隅，收之桑榆，他就这样到了哈佛。刚巧女孩子的导师休假到哈佛做研究，她也跟着导师一起过来，打听得老大在，就请他代找住处。老大若是去了纽约就没有这段千里姻缘了。

大媳妇聪明、美丽、性格强，为什么会喜欢上有病的老大？因为他的性格比她更强，不自谦的说法是"英雄惜英雄"。她生长在一个管教极严但又充满爱心的家庭，聪明、美丽使她自视甚高，对严谨的家教先是抗拒，继是反叛。大学时代任性荒唐，终于跌倒。家庭的爱护、宗教的慰藉使她重新站起。任性的倔强转成原则的坚持。她就是那时认识了老大，欣赏他绝不自怜的原则，永不言死的奋斗。

她一拿博士后，马上结婚、生孩子。老大和她有幸找到相距几英里的两所大学工作，住在一个不到两万人的安静小镇。但他们的家却像旋风过后的灾场：遍地的衣服鞋袜，凌乱的玩具文具，东斜西倒的厨具家具。有客来访，大媳妇就用大扫把一推，不管是谁穿的、谁玩的，通通堆成一个垃圾岗，客人才可以走动。这也难怪。她一个要照顾六个人：四个孩子太小，老大又帮不了忙。他有抽动症，加上力大如牛，打碎的碗碟每年数十，差不多一两个月就会扭断水龙头的把手，扯断橱柜的柜门。大媳妇不单要煮饭、洗衣，修补龙头、炉头，还要接送孩子上学和参加课余活动。此外，她还是爱达荷州立大学数学系的全职教授。难怪我妈对她佩服极了，奇怪的是，她对老大也佩服极了。她和老大都性格强，脾气急，两人在一起，理应是"火星撞地球"——必爆。但我们看见的是她让老大三分，因为欣赏老大的勇气、骨气，老大让她三分，因为欣赏她的魅力、魄力。大媳妇对老大的爱克制了他的好胜，老大对大媳妇的爱克制了她的任性。爱可以使负负得正。

老三和三媳妇的爱情故事像童话。做事情，老三有过人的集中力；日常生活的细节，他却懵然。三媳妇娇滴滴，少女时是家里的"千金小姐"，唱歌、跳芭蕾是能手，厨事、家务一窍不通。两人都有艺术气质，对金钱既看不重也看不通。刚刚开始拍拖，老三就去了牛津念书，只好两地相思。这女孩天天给老三打电话，既不用电话卡，也不分昼夜，一个月的电话费近千加元。那时，家里的经济环境较差，学费也是政府贷款，这笔电话费就由我们承担。

她家远在加拿大东岸，来到我们小城的大学念书，租住一个阁楼。老三去英国之前就叫我们照顾她。她每隔几天就会到我们家吃饭。有一回，她很多天没过来，电话也找不到她，我们还以为她考试期近，专心念书而已。再过几天，觉得不对劲，就去她住的地方看看。按铃很久，她才开门，我们吃了一惊。只见她眼神呆滞，脸色苍白，差不多正午时分却仍是穿着睡袍。房间乱七八糟，餐桌上是快餐的剩饭和罐头的残羹。我们马上让她搬到我家。欠下的电话费、房租都替她付了。

妻做营养餐给她调补，我帮她写论文。她与老三相距千里，情绪低落极了，只是哭。还记得，我逼她做论文大纲，然后按大纲一段一段地写，每一个小时都要她交东西给我看，就算只有三两行也要"交货"。她的注意力有了聚焦点，胡思乱想也少了。那十多天真是心力交瘁，但她的情绪也渐渐稳定。我日后取笑她说，她拿学位我和妻有一半功劳。她在我们家住了一个多月，学期完了，我们还送机票给她去英国探老三。老三的奖学金不少，但他节衣缩食，省下钱去陪她玩。有时我们问他在那边的生活情况，他怕我们责怪，还说自己顶喜欢吃土豆呢。这女孩最动人的地方是她感情丰富、爱心爆棚。如今在医院做病童心理辅导，是顶合她性格的工作。

老三求婚是趣事。"世界青年节"那年在慕尼黑举行，几兄弟跟团去，女孩子也是团员之一。大伙儿趁机游欧洲。途中老三叫兄弟们替他留意背包，不要丢失。结果，节日结束，几十万人涌到火车站，准备上车时，老三叫道："糟了！背包在哪儿？"当然谁也不知。会场到车站好几公里，人又多，没法找，而且只要有护照、钞票在身上就够了，背包掉了就当是倒运吧。老三面红耳赤地坚持要回去找，叫众人在车站等他。去了个把小时，他气喘吁吁地捧着背包跑回来，但火车早开了。大家正要怨他，只见他拉开背包拉链，拿出个小盒子，打开，"扑"一声地跪下，但见盒里亮闪闪的小钻戒。他向女孩求婚了。二人婚后生活如胶如漆。两口子不会大富大贵，但快活像神仙。

　　老四与四媳妇是有缺有补。老四热情，但需要纪律，四媳补之；四媳稳健，但偶有固执，老四补之。他俩也是在"世界青年节"认识的。慕尼黑大会结束，大伙儿相约到罗马旅行。老四的一批早到，就在罗马火车站的月台上等。几十人围坐在行李上，有说有笑，有弹有唱。有车进站了，下来一班女孩，其中一个朝着老四上前来，笑容灿烂，双臂张开。老四见女孩面善，但又记不起是谁，就迎上去。旁边一个女孩也同时迎上，两个女孩子拥抱，老四双手在半空停顿。热情的他也不尴尬，笑笑地叫迎上去的女孩给他介绍，两人由此相识。但拍拖还要等到一年后，原来未来四媳妇在不动声色地观察老四的行为举止，才把自己的未来押下。希望他们的家稳健又热情，纪律又活泼。

若说大媳是太阳，二媳就是月亮，三媳是星星，四媳是地球。我和妻最欣慰的是，四个媳妇非但相夫教子，而且妯娌之间的关系也很好。四个都是家中的独女，只有兄弟，没有姐妹；她们之间的感情形同姐妹。2012 年，全家十九人到美国西雅图对面的一个岛上度假一星期，大媳妇安排一个摄影师来拍生活照。不知谁出的主意，叫摄影师拍了四个媳妇仰卧在沙滩上的照片，头对头，手牵手，就像一朵花——我家的四瓣金花。

我当年离开香港，脱离了大英帝国，怎料，除二儿媳是台湾之外，我的媳妇分别是英格兰（大媳）、苏格兰（三媳）和爱尔兰（四媳）。不同文化背景生活在一起有其挑战性，但外籍媳妇们都可算是恪尽妇职。我家不算是"诗礼传家"，但我明白人际关系的和谐，当然也包括家庭的和谐，是缺不得礼的，"君臣上下，父子兄弟，非礼不定"。四个媳妇入门除了宗教仪式之外，还要行中国媳妇入门的"斟茶"之礼。我们综合中西文化，媳妇向男家上上下下敬茶（对家长还要跪敬），表示她对夫家的敬意；被敬的封红包，表示对她的欢迎。也向自己家人敬茶，表示她对娘家的谢意；被敬的封红包，表示对她的祝福。到贺的朋友们日后娶媳、嫁女也有照办，并请我当司仪。

四个媳妇，头对头，手牵手，就像一朵花（上图）。四个媳
妇与四男的妈妈在一起（下图）。Steve Horn 摄于 2012 年。

1989 年全家到加拿大爱德华太子岛旅游，学过武术的四兄弟面对大西洋海滩"打功夫"（上图）；二十三年后，全家到美国西雅图旅游，四兄弟面对太平洋再次"打功夫"（下图为 Steve Horn 摄）。

中西合璧比中西对峙好。我家是个实验，结果怎样还要等待。娶妻求淑女，但我相信淑女会喜欢慷慨、正派和有服务精神的君子，中外如是。而君子，是可以培育的。

朋　友

　　我们重视孩子的交友，视他们的朋友为家庭的一分子。

　　朋友像面镜子，在他们身上我们能看到自己。西谚有云，Birds of the same feather flock together（同毛色的鸟，群在一起）。四个孩子在成长期交的好朋友，反映着他们四个的性格。

　　老大的抽动症是一个同学当护士的妈妈在医院看到资料后叫我们去找专科医生诊断出来的。这个妈妈对老大特别关心，因为她儿子彼得是老大的好朋友。彼得有意大利人的爽朗汉子性格。校内的意大利孩子聚成一帮，是通过彼得，老大成为他们一员。这帮孩子喜欢踢足球，是校队的骨干。老大就算没有抽动症也绝不是踢球的材料，但校队好手如云，年年夺标，老大房里也满是金杯、银杯和锦旗。彼得读书平平，但朋友多多，都是肝胆相照。他日后娶妻也是青梅竹马的女同学。忠心是他为人的写照。老大也有一份动人的忠。

　　我家教孩子时，妻说事，我说理。说事会说错，说理更容易说错。最尴尬的时刻是：我说的有理，但孩子说的也不是无理。老大的"忠"，表现在当他不服爸的理时仍是听妈的话。从今天崇尚个人的角度去看，这近乎愚忠。其实他聪明，知道父母爱他，所以他对父母信任：信任父母为他着想，所以父母的话是值得尊重的；信任父母审慎认真，所以父母教的是值得细想的。如今，他已经成家立室。他曾对我说："爸，我听你的话不是因为你说的有理，是因为你是爸。"爱使一切合理。

他的另一个好朋友是亚麦。亚麦的爸爸是巴基斯坦人，我的同事，妈妈是犹太人。无论在文化、宗教和生活习惯上，我们两家截然不同，但我欣赏这位同事的正义感。亚麦有父风，从小就对政治有兴趣，好锄强扶弱、为民请命。他和老大不在同一学校，但高二那年，他参加了一个政党的助选团，拉老大去帮手，到处派传单。老大对政治没有兴趣，但欣赏亚麦的见义勇为。抽动症使老大整天发出怪声，做出怪动作，不知就里的人会退避三舍。老大非但得不到社会的同情，还被视为怪物。通常这会打击患者的心理，扭曲患者的心态。老大性格坚强，但我们总害怕生存之道会影响他在做人处事上走向冒险侥幸（欺人）和权宜苟且（自欺）。他与亚麦为友，反映出他有着正面的人生观。抽动症患者多数性情执着，但如果执着的是好的东西，倒也不坏。老大能够择善来固执，我们也放心多了。

老二朋友多，但挚友只有一个，叫约翰，两人从五六岁相识，如今天各一方，但友情不减。约翰是斯坦福的博士，原本在加州高职厚薪，但因陪太太念博士后，搬到西部小镇。镇上工作难找，生活崎岖，情绪低落。老二几千里飞过去探他，为他打气。他俩的友情就是如此深厚。

约翰从小就在我家出入，差不多是我们的第五个儿子。我家孩子多，吃饭时我和妻一动筷，孩子们就像旋风像蝗虫，几分钟一扫而清。我和妻一离座，孩子们就一哄而散，只剩下轮值的孩子做清理。但每次约翰在时，他总留下来帮手收拾。妻常笑孩子们：“你们这班小鬼，只吃不做，约翰比你们乖多了。”他就是这么温文有礼。我家也是老二最斯文。

约翰和孩子们最爱玩的一种角色扮演游戏（role-playing game），叫“地牢与龙”（Dungeons and Dragons）。游戏以古代神话为背景，虚构一个故事骨干，或战争，或寻宝，或探险。先选出一人当“主述”（Dungeon Master），创造故事情节。每人选扮故事里一个角色，为它设计能力、资财、装备，然后按照游戏规则，一面设计策斗智谋，一面掷骰子赌运气，互相较量。这些角色有人人皆知的大英雄，有名不见经传的小人物。对每个角色的要求也有不同，有些要做出丰功伟绩，有些只须自保其身，但难度不相伯仲。每个角色在故事中的戏份不是前定的，是由“主述”创造的情节和各角色斗智的表现互相环绕发展而成的，因此是峰回路转，引人入胜。但是，有时某些角色由于其角色设计或故事的情节所限，又或因骰子不听话，没法发挥，孩子就会不耐烦，捣个乱，不依常理地胡来，使游戏草草收场，重新开始。约翰玩游戏顶专一，选了什么角色都会坚持到底，耐心等候，长期坐冷板凳也不会任性胡来，所以孩子们都当他是理想的玩伴，十多年大家乐此不疲。此外，约翰从小是体操运动员，后来是省级代表，每天要训练，他从不缺席。角色扮演游戏玩到高潮，他也不恋战。孩子知他责任感重，从不勉强他。老二也是顶专一和顶尽责的。

但老二与约翰有一个分别。约翰内向，他相貌好，身材棒，成绩优，整天都是跟着我家四个男孩，友情确是专一，但对女孩子总是没有兴趣，有一段时期我们还担心他找不到老婆呢！老二则相反，中学、大学时代整天被女孩子围着。如果他不是专一，我们倒还担心呢！

老三两个好朋友的性格完全不同。阿叶是高才生，聪明中略带功利，幽默时略感讽刺。他使他喜欢的人如沐春风，使他不喜欢的人如坐针毡。他的爸爸在医院当技工，但不知就里的都叫他医生，他总是不置可否，算是默认。阿叶从小就想当医生，中学、大学时的选科和参加的校内外活动都是为考上医科来铺路。到了医学院他选最能赚钱的科目去念。哥连是另一类型，成绩平平，木讷腼腆，但温文有礼，端庄恭谨。一群孩子中他说话最少，被人取笑最多。大学念保险精算学，是门顶闷的学科；出来当银行出纳员，不是"出人头地"的行业，但他安之若素。同学间叙旧他不是第一个被想起的人，但想起他时他是同学公认的第一好人。

老三是我家最聪明的一个，从小就有一种光芒。到今，他思维敏捷，词锋犀利，我和妻都不想他锋芒太露，但又不想挫他的锐气。他学什么都好像很容易，从书本上的东西，到音乐、打球、绘画，都难他不倒。我和妻想他保持谦虚、忍耐，但又能够不断上进、攻坚。聪明的孩子很不容易教，尤其是当他还兼有艺术气质——聪明容易使孩子自满，不知天高地厚，聪明不一定是成功因素；艺术气质使孩子敏感，容易受伤，抵挡不住失败。老三的聪明是天赋，没有选择；他的敏感是性格，很难扭转。怕受伤、怕失败会使他畏缩，但与阿叶为友，刺激他去发挥聪明。可是如果他交的朋友都是阿叶，他会成为精英群的一员，但会肤浅，会刻薄。他或会快乐，但他周围的人不一定快乐。哥连反映老三的另一面：厚道。聪明人难得厚道。聪明孩子想得快，学得快，其他人往往跟不上（有时包括父母），于是他就不耐烦，慢慢就看不起人家。我家从小就要求孩子们，特别是老三，知道思想与学习的速度人人不同。自己懂了而人家未懂也得等人赶上，自己明白而人家不明白也得向人解释。这不但是为别人，也为自己。等等人就是给自己多点时间去想得更通，学得更精，向人解释就是自我检查有没有想错、学漏。所以我家特别欢迎哥连，他非但是个榜样，更是培养老三厚道的好机缘。

老四没有突出的朋友。老四突出之处是朋友多。他交友是多多益善，但良莠不齐。他认为个个都是他的好朋友，但不可能个个都当他是好朋友。这也反映他的热情性格。有些人怕感情上或物质上受欺骗，又或想在感情上或物质上找好处，所以择友的条件和标准高。但是，人心隔肚皮，你精打细算，有人会比你更多心计。若是误交匪人，不单是吃了亏，更多一份自怨。战战兢兢或深谋远虑地交友很耗心力，也不能尽享友情。而且，期望越高，失望越大，倒不如坦荡荡的随遇而安。

老四对朋友顶信任。他吃过亏，但也忘得快；得福倒不少，足够弥补有余。其实，人有自卫本能，都懂得保护自己，我不担心；现代社会鼓励自私，甚至损人，我倒担心。上天给了老四对人热情的性格，我们要培养他有仇不记、知恩必报的人格。性格改不了，但人格会决定命运。

四个孩子的朋友也是家的朋友，不自觉之中，彼得的忠、亚麦的义、约翰的诚、阿叶的巧、哥连的厚道都影响着孩子们的成长。我家很关注孩子择友，但是，物以类聚，孩子交友跟性格是分不开的——不一定是相同的性格，往往是相配的性格。每一种性格都可发展为负面或正面的人格：固执可以变成蛮横或坚毅，爽朗可以变成任性或勇敢，温和可以变成懦弱或谦逊。做家长的可以按孩子的性格，顺水推舟，帮他选择可以助他性格正面成长的朋友。请朋友到家玩游戏是个好办法：一方面观察孩子的朋友，一方面观察自己的孩子。孩子成长期内，我家是客座常满的。

中学时代培植出来的友情最坚。孩童时期虽然纯真，但不懂情。青少年时期开始懂得情，而且是充满理想和憧憬的纯情。当年，中学毕业典礼那天晚上，我们六个同学（那时我在教会学校念书，是全男班）共聚一室，不知谁出的主意，每人用小刀划破指头，滴血为盟，结为兄弟。到今天，虽然各散东西，仍是互有音讯。我一直相信，若是我出了什么事，他们可以寄妻托子。

# 反　叛

　　孩子反叛，家长烦恼。什么是反叛？

　　从父母的观点去看，是不听话、不服从。说也奇怪，中国家长说孩子太呆滞、太拘谨，向往西方教育的自由、开放。但一旦孩子有些与自己不同的主见，就马上觉得做父母的权威被挑战；孩子有点与别人不同的个性，就马上恐惧孩子会被社会歧视。看来，我们想要孩子有主见、有个性，但又要他听话、服从。

　　老大是长子，我家的教育传统都是从他开始。这是长子的命运，也是福气。自从七岁知道他有抽动症，我们就特别关注他的自信的培养。他本身性格很犟，主见很多，虽然我们不全同意他，但总不能处处制约他，打击他的信心。我家孩子自幼除学校作业外，周末与假期家里另有功课，包括看书，作文。八九岁孩子玩心重，怎耐得住安安定定在家里做功课呢？有诸内自然形于诸外。先是嘟囔，继是抱怨，最后是发脾气，叫妈"恶巫婆"。妻也不怒，说"你不可以对我说我是恶巫婆，因为这是对妈不礼貌，不是有格的孩子应该说的话。功课仍要做，文仍要写，但你可以在文里写妈如何的不合理，如何的可恶"。结果他写什么我们不知，也不问，但是几兄弟对妻的尊重是无可置疑的。

老大性格特别倔强（若不然，也很难逃脱一般抽动症患者的自怜），很有反叛的条件。事实上，他也从来不是那种乖乖的听话的孩子。但是他的成长过程给了我很大的启发。他从不"认错"，但他"知错"。其实，父母要面子，孩子也要面子。父母要教育孩子，不是羞辱孩子。"知错"就够了。孩子肯认错固然是好，但如果强迫他认错，倔强的会真的反叛，闹得家无宁日，狡猾的会作假做伪，更是害他一生。

父母都想孩子跟他们说真话，也就是交心。但孩子先要对父母放心，才会交心。放心就是知道无论怎样，父母都会爱他。最了不起的父母就是知道孩子怎样不好仍会全心爱他。有时我会这样想：如果孩子什么都告诉我，我承受得了吗？也许，我只是不想听假话；如果孩子知道我的心，知道我不想听的他就不说，这也许是足够了，或许这比什么事都告诉我还要幸福，因为孩子是真的体贴我。妻对孩子们是这样的："知道我不想听的就不要跟我说。"这句话给了孩子一个做人的标准：不要做父母不悦的事；也给了他们一个待亲的标准：不要说父母不中听的话。

前几年，老大和我们闲谈，赞老三聪明，说："你们以为老三小时候很乖，其实他很多事不告诉你们。"妻说："老三比你想象得更聪明，更乖，他知道什么事情不告诉我们是他的聪明，他不告诉我们是他的乖。"今天的老三为人正直是有目共睹的，我们甚至有时认为他略过严谨，所以我们确信他当年隐瞒了的绝不是犯天条的大坏事。当然，在老大当年稚气的眼中，老三的顽皮捣蛋瞒得过父母就是绝顶聪明了。

孩子不告诉父母是因为不敢，不敢是因为他知错。错事令他羞耻，知耻的不会大错。不敢告诉父母也可以是因为怕罚。怕罚无可厚非，不怕罚才可怕。罚有两种，对孝顺孩子来说，父母不悦是种罚；对顽皮孩子来说，父母责骂是种罚。但孝顺的孩子也会顽皮。怕责骂是讲假话的动机。我们对孩子从不逼供，因为真话是不能逼出来的。逼出来的往往真假难辨，辨错就会罚错，罚错会使孩子对父母失去信心，那可就完了。

而且，逼供还会弄得孩子恼羞成怒，强词夺理，并不帮助他改过。我家的做法是刚柔并用。孩子犯错给了父母一个教育孩子的机会，不是给了父母一个显示权威或发泄情绪的借口。

人要脸（不要脸的人才难搞），孩子也要脸。妻的原则是一定要让孩子可以下台，无论他是真的犯了错或是我们认为他犯了错。首先，对事不对人。是非黑白绝不能颠倒，但错而能改的人必须原谅。当然，明知故犯的才算真错，但孩子对是与非往往只有一知半解，所以做父母的要解释清楚，孩子长大才能知理；故意与无意之间往往只有一线之差，做父母的要循循善诱，孩子长大才懂自律。我家的教法是："这件事上你不用多说，教你知理和自律，你就会知道你是不是真的犯了错。有则改之，无则加勉"。这样，孩子认不认错也无所谓，也消解了逼供、认错的张力和强辩、狡辩的动机。更重要的是，给了孩子一套是非分明、对己要严、待人要宽的做人标准。教育孩子是个高贵的使命，不要让它堕落为斗争和博弈。

第二，不算旧账。特别是当孩子不肯认错的时候，父母恼怒之余就自然联想起孩子的一切旧账——屡犯不改的、答应改又没有改的、当初不认但最后因证据确凿抵赖不掉的。一算起来就没有了结。当前的事情马上变了质，不再是事情的对错，而是孩子的疮疤和烙痕，甚至是他的人格和操守。他怎下得了台？这不是教育，是羞辱。而且，算旧账也是种逼供。典型是妈妈哭哭啼啼的感情要挟，爸爸打打骂骂的疲劳轰炸，目的仍是要孩子认错，把教育孩子弄成一种我对你错、我赢你输的对峙。

教孩子永远要留有余地，不能"逼虎跳墙"。孩子一旦跳出家的墙就不会回家了。为什么会跳出去？因为家里没有生存空间。因此，父母一定要给孩子生存空间。空间有两种：静态的和动态的。静态的是尊重他的隐私：只要不涉及人格、操守，就让他安排自己的生活。但尊重不是纵容，隐私不可损人、不可乱节，这要从小培养。久之，会培养出一种正面的隐私。

孩子的怕羞、怕罚或会使他少犯错，但人生哪会不犯错。大多数人都把错看成生命的污点，想把它在生命中抹掉、忘掉。但怎可能？我把错形容为一滴墨水，生命为一张白纸。墨水滴在白纸上就是污点。越是用力去抹，纸上的污点越糟。墨水是既成事实，纸才是关键，因为它代表你的生命。你的生命由你掌握，你可以把纸往左往右摆，向前向后翻，墨水就完全按照你的动作在纸上流动，流出来的图案是美是丑完全由你控制。不管最后的图案会是怎样，教会孩子自信地掌握生命，在生命历程中不断学习，就是父母可以给孩子的最大礼物。这需要给孩子成长过程中的动态空间。妻的说法是"永不把窗户关上"。孩子犯错就会害怕，害怕就会失措，失措就会说谎或强辩。最重要是恢复他的信心，做到这点，最好是让他知道父母对他的信任。首先，不逼供、不算旧账，这样他就心安了。在"有则改之，无则加勉"的原则下再给他动态空间，让他、帮他（如果他要求）从事件中学习、反思，指引他身体力行，把这个污点转为美好的图案，也就是化腐朽为神奇。父母不用怎么"教"，更无需唠唠叨叨。其实，如果从小就培养了孩子对父母的信任，此刻更应该"沉默是金"。父母沉默不语，孩子就会知道父母不悦，就会思过。家不是学校，父母不是授课老师；家不是法庭，父母不是审判法官。家教的最高境界是默契。

中国人讲孝顺，这个"顺"字很了得。"顺"父母之意就是把父母之意作为孝的标准。西方可不一样，他们叫"honour"，是"尊敬"的意思，但更合适的解释是为父母"带来荣誉"，就是做为父母添光彩的事。但这种孝的标准是儿子定的，达标与否是别人衡量的。

在教子上，妻的"知道我不想听的就不要跟我说"的真正作用，是"如果你不想我听你说我不想听的话，你就不要做我不想你做的事"。如果从小就培养起孩子良好的道德习惯，特别是慷慨，这是绝妙之招，它使孩子的良心和孝心互相辉映。首先，孝心是顺父母之意，父母之意是要我良心待人，于是我会良心待人。这是孝心鼓舞了良心。其次，良心待人怎能不良心待至亲之人，至亲之人就是父母，于是我会良心待父母。这是良心成全了孝心。但是，如果没有从小培养孩子的良心，这教法会变成绝命之招：没有良心的孩子对父母怎能真孝？要他不要说父母不想听的话只会带来两种反应：狡狯的会说蒙骗父母的虚伪之话，反叛的会说伤害父母的不逊之话。

但父母也要认识到每个好的孩子必须有他的主见和个性。听话、服从不是目的，只是父母帮助孩子成长的工具而已。孩子还小时，明悟未开，听话、服从帮助他养成良好的道德习惯，特别是慷慨。这是上学前的事。孩子稍长，心智渐渐成熟，就要教他知理、自律。这是小学时的事。上了中学，孩子开始成人，就要让他有展翅空间，到了此时，孩子应已知道什么是大原则，不能动摇；父母也应明白什么是小事情，不用多管。

记得老大中三那一年（在加拿大，中三是高中一年级，学生要转校），学校来电话找妻，训导主任紧张极了，说很担心老大，因为他作文里写自杀，绘声绘色，怕他出事。问妻家里发生了什么事情，要不要给孩子做心理辅导。妻安抚训导主任，说老大作文想象力极丰富，请放心。老大回家，告他这事，众人捧腹大笑。

一定要从小就培养孩子良好的道德习惯；基础打好，自然百毒不侵。

性格是天生，人格要培养。

每一种性格都可发展为负面或正面的人格。

做家长的可以按孩子的性格，帮他选择可以助他性格正面成长的朋友。

请朋友到家玩游戏是个好办法：

一方面观察孩子的朋友，一方面观察自己的孩子。

孩子成长期内，我家是客座常满的。

# 教　育

西方教育讲兴趣，重自由。家长、学校为孩子提供了大量的选择，不强迫，不坚持。理论很好，尤其从东方孩子填鸭式教育去看。

但是，孩子始终是孩子，大多数都是注意力分散，集中力不够，乱打乱撞、浅尝即止怎能发掘出真兴趣？除了极少数的例外，兴趣是须靠纪律来培养的。没有纪律的兴趣不会长久，没有纪律的自由只是胡来。纪律是持之有恒，否则一事无成；纪律是正误分明，否则糊涂一生。天下所有孩子都易闷、厌旧、怕输。小时不矫正，大时改不了。纪律是良方。

四个孩子都从小学钢琴，一直到皇家音乐协会的十级。我和妻都想孩子懂音乐，一生受用；但我们更重视孩子学音乐，因为学音乐要纪律，纪律更加是一生受用。弹琴不能骗人，指头按哪个琴键就发哪个音，对错马上听出来，不能抵赖，无需解释。英语中，"学科"与"纪律"同叫

"discipline"，你念哪个"学科"就是你念哪种"纪律"。

孩子易闷。练琴是重复又重复，闷极了。学习任何知识、技能都如是。熟才能生巧，未熟之前就闷死了，哪会有生巧的日子？若是坚忍下去，自有成效，就算没有太大的成绩，也有累积的成果。人生很大部分都是刻板的，工作如是，家庭如是。在日常的平凡的细节中，偶有所觉所悟，就是收获了。可惜我们的心被闷占据了，什么好东西都进不来。纪律训练孩子耐性，使他知道大多数的成就来自耐性，而且，来自耐性的成就更可贵。还有，耐性就是不懈怠，不懈怠就会保持警觉，保持警觉就不会错失机会。

孩子厌旧。弹新曲好玩，但转眼就是老调，没趣了。小时候，玩具、宠物如是；长大了，读书、工作也会如是。五分钟的热情，非但一事无成，更养成轻浮、卸责的坏习惯。纪律训练孩子的坚持。我家孩子学什么都是自由选择，但一旦选择就要从一而终（当然可以在选择时定下哪个时刻、哪个阶段是终点）。从一而终就是忠诚，对人对己都不可缺少，是男孩子特别可贵的操守。

孩子怕输。指头按错琴键，一次又一次，不干了。小时候，捉迷藏、下棋如是；日后，考试、见工也会如是。失败乃成功之母，怕失败就会怕尝试，怕尝试怎会有进步？纪律训练孩子尽力，不单是体力、智力，更是心力、意志力。跌倒不打紧，站起来再试才要紧。世界其实不是真正鼓励尝试：成功人人赞，失败没人怜。如果不是从小就在家里的鼓励、支持下养成"永不言死"的信心，一出道就会被残酷的现实吓坏，永远不敢犯难攻坚。不怕输不是不知输，是知而不怕；不是无知的狂妄，是有知的刚毅，是男孩子特别动人的品质。

一切习惯都是养成的，坏的习惯由因循养成，好的习惯由纪律养成。就算有天分、有兴趣，如果从四五岁开始到中学日日要练琴，终有些日子会觉得闷极。孩子们最懂耍赖，最易就是赖老师：老师教得不好、老师教得重复。教孩子纪律其实也在教他尊师。尊师不是尊重老师个人的品德、知识，是尊重老师象征的"学问的高贵"。不尊敬老师就是不尊重学问。

教琴老师是对中年犹太夫妇，女的教钢琴，男的教乐理，也是街坊，与我家相距不足一百米。女的还可以，男的就使人头痛。首先，他自视大师，教孩子是屈就，他肯定不乐业。孩子们最懂装蒜。如果哪天他们无心学习，就装傻扮懵地问他以色列与巴勒斯坦问题，他就滔滔不绝地为以色列辩解，那天的学费也就白交了。十多年来，这对夫妇外出度假都是由我家替他看屋。这不简单，他一走就是十多天，夏天割草，冬天扫雪，天天收报纸和邮件，晨昏开灯、关灯（装着有人在家以防盗），都是我和孩子去做。当然没有酬劳（一般外国孩子都要拿钱）。他既是老师，我们也不计较。有一次，冰雨成灾，数省大停电近一周，几百万人缺暖断炊，我家也不例外。街上到处是被冰压倒的大树和被压断的电线，人、车绝迹。他竟然从佛罗里达度假区打电话来叫我去他家查看有没有关上花园的水龙头，免受冰雨损毁。冰雨的路面滑溜溜的，走一步跌一跤，我们也照做了，因为他是老师。有时，上完课他要孩子跟他去做事，坐他的车，指令两个孩子一左一右同时上车，以免车内重量左右不平衡损坏了车子。我家交学费从来准时，但他仍是每个月打电话来催。一次，学费到期，由于我家四个孩子有的上午去，有的下午去，妻把学费交给下午上课的年纪较大的哥哥带去。中午饭还未吃，他就气冲冲打电话来问为什么没有交学费。妻跟他解释，但他仍是要孩子马上拿钱过去。无论什么事情，这位先生总是满口的"谢谢"、"对不起"，但从语气上你就知他口是心非。他是礼貌十足地斤斤计较，理直气壮地占人便宜。

但是，我们坚持要孩子们尊重老师。孩子们当然知道这位老师是怎样的人，但我们要孩子们分开老师的身份和人格。尊师是学生的本分，不是学生给老师的面子，凡老师都要尊重。西方太强调"老师如朋友"。老师不是朋友。朋友与朋友是对等的、平等的，学生与老师不然。老师传授学问，学生追求学问。因此，在学问上，老师与学生不是对等，一个授，一个求；也不是平等，一个尊，一个卑。以水为例，老师有水，学生求水，但必须老师在上，学生在下，水才可以从老师流往学生。对一些学生来说，老师友善使他们对学问向往；但对另一些学生来说，老师友善使他们对学问儿戏。无论是人伦上还是理性上，老师与学生的关系落点在学问：乐意传授学问的是好老师，愿意追求学问的是好学生；好老师与好学生的共通之处是双方都尊重学问。放在老师对学生，这是有教无类；放在学生对老师，这是尊师重道。

我家坚持孩子尊师，并不代表孩子们的老师都好——都有学问，都乐意传授。但好老师是孩子健康快乐成长的决定性因素。一般的老师都不坏。虽然难免懒惰、偏心或专制，但如果孩子尊师，就不会招祸，总会学点东西。更关键的是，尊师会吸引好老师。在这功利的时代，尊师重道的越来越少，东西方均如是。作育英才不再是高贵的使命，而是打工。以作育英才为己任而去选择当老师的人越来越少，因此，值得被尊重的老师也越来越少。老师行业越来越不被尊重，也不追求尊重。真正献身作育英才的老师常有怀才不遇之屈，碰到尊重好老师的学生、珍惜好老师的家长就有知遇之心、施展之所，孩子就受用无穷了。

我家积极为孩子找好老师，建立与老师的好关系。每学期的家长日，每个老师要接见班里学生的家长，我和妻每次都去，一同去。日后经老师们的指点才知道父母一同去是如此关键。一般小学生都是妈妈出席，除非孩子有大问题，爸爸很少去。从老师的角度去看，父母同去代表家长对孩子学业的重视和父母之间的沟通，也就是好家长。我和妻非但见班主任，凡教孩子的老师，无论哪一科，无论孩子在哪科的成绩如何，都见。见老师是要轮候的，我家孩子又多，往往就是整个晚上，甚至两晚。老师们见我们认真，也对我们认真。一般老师对一般家长的手法是避重就轻，除非问题严重，否则老师说的是无关痛痒的话。家长喜欢听老师赞自己的孩子，若是批评，就会替孩子辩解。我和妻一开始就请老师讲讲孩子的问题，没有问题就请老师指点如何可以更进一步。因此，家长与老师之间不是一问一答，是有商有量，为的是孩子的进步。我们发现这是老师最乐意的，因为代表家长对他的信任，这是最大的尊重。这会带出老师的善意，对孩子多点关注，好的老师甚至提供课外材料、特别作业和单独指导。

我家是隐恶扬善，不好的老师我们装聋作哑，好的老师我们大力表扬。如今是人人争取权利的时代：老师争，家长争，甚至孩子都争，结果是大家的视线都转移到别人的"短处"上，都落点在"问题"上。这种局面下，最多可以做到消极地处理短处、解决问题，不可能积极地发挥长处、创造机会。每个家长都希望自己的孩子成长为英才，我们更希望别人的孩子也成长为英才。这样，我们的孩子的朋友也是英才。孩子在英才之中成长，集益广智。鹤立鸡群，你的周围仍都是鸡；小池中的大鱼始终是小眼光，大海中的小鱼一旦成长就是海阔天空。我们非但当面赞扬老师，更写信给校长表扬他（并给他副本），甚至上书教育局。有时，信在教育局的报刊上登出，我们一方面感谢当局重视，一方面难过为什么没有更多的好老师被更多的家长表扬。我家孩子从小学到中学都碰上好老师。到了大学，老大选读化学，老三选读数学，都是直接受老师影响。

我家孩子选读什么都是相当自由的，但不是独行独断，而是有商有量，跟我们商量、跟兄弟商量。当然，孩子选择的自由度是随他们的智力和性格成长而增加的。最初我们代选，最终是他们完全自选。唯一的条件是要有始有终。

我们从不担心"学以致用"。很多家长给孩子大学选科很大压力，要他念热门又赚钱的学科，造成了很多家长和孩子之间的矛盾。其实，"学以致用"的真正意义是学晓了东西，好好去用它，而不是看看什么东西有用，然后才去学它。前者使人对学什么都抱乐观心态，后者使人战战兢兢，不知道学了之后会不会有用。抱着功利之心去选科，制造了无数的失望。千挑万选去拣，千辛万苦去学，牺牲自己真正想学的东西，勉强去学自己认为没有意思的东西，这怎会使人全力以赴？得出的成绩怎会反映真正的能力？就算找到了工作也不会真正满足。心里总想着，当年如果选择自己真正喜欢的东西，今天会是怎样？一生怀着这个"大问号"，怎会活得真正幸福？这是家长对孩子的最大的伤害。其实，孩子若有这一类的"学以致用"（孩子也有他们的压力）的想法，家长反应该好好开导，以免一失足成千古恨。

客观来看，热门、赚钱的学科，人人想读。如是你的孩子真正有兴趣，是好事。如果没有兴趣，自然发挥不出最高能力，跟人家有同样能力而又是有真正兴趣的孩子一比，马上比下去。找工作自然吃亏，找不到就抱怨更大。其实，找工作跟选学科是两码事。热门的学科许多人读，因此工作也是许多人争；冷门的学科较少人读，工作也较少人争。你孩子需要的只是一份工作。千万份的工作，假如他不合适，他也拿不到；一份工作，他若合适，就是他的了。

从主观的角度去看，以致用去决定所学容易使人失望；从客观的角度去看，容易使人失败。"学非所用"就是这个道理。如果让孩子去选择的是自己真正有兴趣的东西（这当然要培养他纪律与品德），他自然会全力以赴，无论成绩如何都是反映了他的真正能力。学成之后，可以去找"致用"的机会。当然，除兴趣之外，还要考虑能力。做家长的是帮助孩子发挥全力，发挥全力需要知道全力有多大。帮助孩子辨认真正的兴趣、认识自己真正的能力，然后按兴趣、凭能力去选择，才是家长的责任。学什么都可以致用。更重要的是，孩子会快乐。

# 老　师

除了父母之外，老师对孩子的成长影响最大。我家以德育为重，智育为次。虽然凡老师都要尊重，但如果碰上既有人品又有学问的，就会不遗余力去为孩子创造亲近老师的机会。

我小时在澳门念书，五年级的中文老师是真正的启蒙恩师。同学们叫他"老柴"，既老朽又顽固，对他怕多于敬。那是1950年代中期，从大陆来到香港和澳门的高级知识分子很难找工作，很多都"屈就"做小学教员。小学生哪懂什么是学问，只当他是外地来的穷书生。老柴上课严，批卷更严。同学们口头尊重，心里揶揄，我也不例外。我妈对孩子的教育极为重视，我又是长子，她特别留意，言词间她自然听得出来。有一天，不知她从哪里来的灵感，要我请老柴到家吃饭。那时，父亲生意失败，家里穷得很（所以才从香港搬到生活水平较低的澳门），靠典当度日，房租也交不起，她竟然要请老师吃饭。我忘了我是怎样开口的，他又是怎样答允的，那晚上，我记得我妈还请了一位颇有学问的父执辈作陪。这顿饭改变了我一生。从此，老柴对我管得更严，对我的作业批得更狠。当小学老师的薪水少得可怜，老柴晚上开补习班帮补生计，我也去上课，但免交学费。他教我写文章要简要真，做人也要简要真。我不知这是不是写好文章、做好人的秘诀，但这守则确使我几十年来活得爽意。后来，我有了自己的孩子，也时刻着意让他们交上好老师。

　　龚老师教物理，老大、老二、老三都被他教过，到老四时他退休了。可惜！对好学的学生他外冷内热——不苟言笑，但竭力栽培。他的名句是："我一说，你立刻去做，我会多教；若要我多说，就是浪费了你和我的时间，我不会多教。"在加拿大，中学理科老师人才极缺，很多是滥竽充数勉强上阵，学生多问了就手忙脚乱，因此怕学生问，甚至禁学生问。龚老师非但不怕学生问，更欢迎学生细问、追问。答不出的他就去查。他是教学，也是求学。这种"真"，很得学生爱戴。更难得的是，他的学问非但来自书本，更是源于实际，付诸实践。忘了是老二还是老三时代，龚老师在家修复学校的古老管风琴。这是很不简单的事，既有物理、工程、音乐的知识，更要车床、烧焊、木工的操作。他全部亲力亲为（加拿大很多家庭的车房装备得像工厂），并在课堂上演示，还邀他喜爱的学生帮忙，包括我家的孩子。

每个学期的家长日，一般都是家长对老师诉求、老师对家长敷衍的时刻，但龚老师和我极少谈孩子，更多是谈学问。记得有一次，他还避见其他家长，我们到他的实验室聊了个把钟头。我相信，他对我家孩子的着意栽培跟我和他在学问上的诚意交流不无关系。有自尊的老师不会想被家长单视为教育孩子的工具。在家长与老师的关系中，家长如何对待老师跟老师如何对待孩子是很对称的，是个感情远重于利益的关系。我妈对老柴跟我对龚老师没有分别。

麦老师教数学。当年她有两个小孩，既是主妇也是老师，忙得不可开交，但对我家孩子特别照顾。她感性，容易激动。言谈间若触动她，马上有反应，或面红耳赤，或声哑泪凝，或笑逐颜开。她母性强，对所有孩子都有爱心，虽未曾教过老大，但知道老大情况，很同情，进而爱屋及乌，同情我们全家，更认同妻的教子方法。她快人快语，看不过或瞧不起的事情，直言直说。妻是好听众，两人年纪和背景又差不多，所以很投契。作为我家孩子的老师，她严；作为孩子的长辈，她恕。课堂里，她让孩子做助教；课堂外，她给孩子加作业。老三选念数学，肯定受她影响。

汪老师是老大的化学老师，是博士，典型的"老处女"的脾性：谨慎、端正，对学生极挑剔。本来，老大是绝对不适合念化学的，他的抽动症与实验室中的玻璃试管、剧毒化学剂是死敌。（虽然他日后的研究是干化学，但中学、大学离不开湿化学。）不知怎的，自视极高的汪老师非但没有歧视老大，反视他为她教学事业的挑战，视他的成就为她的成就。可能老大也是被这个犯难攻坚的老师感染，选择了念化学。

老二念生物也是因为碰上个严的老师。在大多数中学生的眼中，理科中最不被尊重的是生物，认为生物是"记性"的东西，不是"思想"的东西。毕老师的生物课很生动，可是从不发讲义，但考试题目出得刁钻、偏僻，合格不难，高分极难。这些年来，中学教育已经从黑板、粉笔转到电脑、投影。我不敢妄作批评，但总觉得机器规范了教育。"教"与"育"都是人跟人的关系，这关系中机器越多人气就会越少，变得越冷淡越"机械化"。学生通常会要求老师发投影副本，先说是为了课后复习，后说是为了课前预习，实是为了不用听课。对很多老师和学生来说，电脑投影和发放讲义确实方便，但从此，教与学很难会有"即兴"和"随想"，更难有互相激励、共同探索的教学相长。毕老师偶用投影，但不发副本，更不发讲义。虽然有教科书，但他好像想到什么就写在黑板上，学生不停地用手做笔记。老二回家总要把一大堆课堂上的材料重新理顺，蝇头细字、行气分明的笔记本代表着他的"消化"。他对生物学的喜爱，以及日后念医科的选择，要多谢这个精英教育的严师。

当然，不是所有的好老师都是严老师。甘老师是菲律宾人，教音乐，好好先生。太好了，所有学生都欺侮他。中学音乐课没人认真，音乐老师没人尊重，这是事实，也实在可惜。学校每年的圣诞音乐会是大事，几个月前就要开始准备，当然是由甘老师负责。他最头痛的是乐队和合唱团。首先，中学生对乐器兴趣不大，会弹钢琴和拉小提琴的人不少，但想参加乐队的不多。懂其他乐器的更少，全校可能只有几个懂法国号、风笛、竖琴之类，打鼓的倒还有几个。组合唱团更难，特别是男声。男孩子只想打球，唱歌是女孩子的事。一般男孩子参加合唱团只是为了结识女孩子，不然就会被人在背后指指点点。我家认定甘老师是好人，也许是因为他仍有点东方人的温厚（虽然略近懦弱）、忠耿（虽然带点迂腐），就鼓励孩子帮手。甘老师给他们重责：组团、作乐、指挥、演出等等。学习机会是其次，认识助人为快乐之本也不是最重要，最重要是要孩子们懂得慷慨助人才算不辜负上天所赐的聪明才智，这才是不枉此生。甘老师的太太体弱多病，儿女也未能成才，生活自顾不暇。他既要照顾太太（隔天换血），又要资助儿女，听说到前两年支撑不住，进了精神病院。希望他吉人天相，更希望好人有好报。

　　好老师的好，是对自己的孩子而言。我家孩子需要严谨的老师，起码是不苟的老师，这是我为他们择师的标准，配合他们的性格倾向和成长过程。但是，这不代表别的家长也有同样的标准，或别的孩子有同样的需要。很多家长有相反的标准，比如，要老师做他们孩子的"朋友"。我家不敢苟同。

老师可以"友善"，虽然友善跟学问与品德往往不成正比，但不可能是"朋友"，而且不应该是"朋友"。几岁，甚至十几岁的孩子跟几十岁的老师有什么可共享的兴趣、可分享的经历？老四小学二年级，碰上一个要跟学生做"朋友"的班主任。课堂上一片喧闹，是顽皮学生的天堂。他不知从哪里带来一批读物，要与学生"交流"，内容都是社会公义的大题目，或社会多元的怪现象。交流的第一个条件是对等，对等的智识才可以有平等的交流。大学毕业的老师与几岁的孩子哪来对等的智识？这样的交流就是洗脑，是老师利用他高贵的身份和孩子对他的信任去把他的意识形态灌诸孩子。性格强的孩子或将老师所说的存疑，然后去求证，或对老师所说的心有反抗，变得孤僻、极端；性格弱的或奉为金科玉律，再没有自己的主见，或慑于老师的权威但又不能尽信老师的所说，弄至惶恐终日。这些都会直接影响孩子的心智成长，间接影响孩子的心理健康，对孩子不公平。一天，老四回家，哭着问妈妈："你算不算是虐待我？"妻问："怎说的？"孩子说："老师说，成人打孩子就是虐待，孩子要报警，警察会抓人，我不想警察抓妈。"这老师教了一年就被调走，但对我家老四的影响是终生。

更坏的老师，孩子幸运没有踫上，但我踫上了，也是在小学五年级。当年澳门是葡萄牙人的殖民地，高等华人的孩子与葡萄牙人孩子做朋友是很光彩的事，低等华人的孩子打葡萄牙人孩子是很光荣的事。有一次，我和两个同学在学校后面的山上玩耍，踫上一群葡萄牙人孩子。人家势众，我们唯有跑。他们抛下两个同学来追我，一直追到山下。山下是闹市，刚巧有一间电影院，我一箭步跳上在门前候客的三轮车，叫车夫送我回家。葡萄牙人孩子只好悻悻然地离开。我袋里当然没钱，回家自然挨骂。但即使到今天，我依然觉得那次脱险很机智。第二天回学校，同学们早知道了，人人敌忾同仇，摩拳擦掌，准备周末来个"复仇"。事情弄大了，我怕了。不知谁告密，校方来了个大搜捕，并说我带头纠党打架。这罪名是要赶出校的。教体育的马某带我到储物室"逼供"，此人健硕高大，当时还在追求校董的女儿，他软硬兼施，又哄又骂："如果不是你，是谁？"我实在不知，也不能诬告他人。他不耐烦了，从口袋中拿出皮手套戴上，猛然一拳揍向我小腹，很痛。之后发生什么我完全记不起了。这次"打不成的大架"牵涉的学生太多，不能全赶出校，我最后还是被校方记一大过。

踫上好老师或坏老师是运气。坏的不一定能避过，但好的一定不要放过。我是主张扬善多于抑恶的。我不想把精力放在保护孩子上，我想帮助孩子发挥天赋。父母搭建怎样精密的保护网都会百密一疏，孩子整天生活在保护网内也不会畅快。帮助孩子建立正面的人生观他就会百毒不侵，孩子有了正面的人生观就会海阔天空。我家的经验是抓好老师需要付出时间，给他尊重，更重要是引发彼此间的共鸣——对孩子性格和能力的共鸣，对教育孩子的热忱和方法的共鸣。老师不应是学生的朋友，但可以是学生家长的朋友。

# 家　教

　　如今，家庭教育比已往更重要。过去有社会教育，如今没了。以前孩子在街上顽皮，街坊邻里，甚至路人，都会说话；今天，他们不会说话，也不敢说话。整个社会都倾向自我，倾向功利。维持社会稳定的传统道德、社会约制被打倒了，代之的是功利现实的人际关系、是非不分的道德标准。孩子自然耳濡目染，有样学样，可是，社会是越来越不像样。

　　西方教育鼓励孩子与社会多接触，把家庭看作社会的缩影，是培养孩子成长为未来社会一员的实验室。家长与孩子的关系要"民主"，要让孩子"参与"有关孩子的决定，有发言权，甚至否决权。父母与孩子是"朋友"，家长与孩子的分工像"合约"：孩子做家务要按工论酬，在外面做散工赚钱父母无权过问，过了十六岁的法定年龄之后要离家自立。父母与孩子是"伙伴"。

　　我家一开始就决定：家庭不是社会的缩影，更不是实验室。家庭不可以"民主"，因为父母对子女的爱是无条件的，因此也是不平等的。世界上最反叛的孩子也有一个爱他的妈妈。让孩子"参与"是父母的权力、父母的选择。但是，很多父母放弃这权力，误导这选择，主要是怕——怕社会的压力，怕孩子的不悦。我家一开始就选择不怕。为了孩子，我们不怕社会的压力，不怕孩子的不悦。我们的一切决定基于爱。我们与孩子之间是没有"合约"的。如果有，也是个终身合约，不能拆伙的合约。孩子有需要，无论是精神上或是物质上，我们全力以赴；如果我们有需要，也期待孩子全力以赴。家里只有一个钱袋，谁有需要谁用。

家不是个温室，因为孩子不应逃避现实，但也不是个实验室，因为孩子不是实验品。家就是家，"大家"一起同心合力应付"外侮"，特别是腐蚀孩子人格成长的毒素。我们要孩子生存于这个社会，但不被这社会支配。社会改变不了，但不要让社会改变你，若如此，你也许已经改变了这社会。

孩子受的压力真大——整个社会的压力。如果不帮助他，他怎承受、怎应付？我们教孩子认识小问题背后的大原则，以大原则去处理小问题。这不是小题大做，是正本清源。大原则是很难教的，但不能不教，最有效当然是身教。这一点，做父母的往往也在教自己，因为朋友间、同事间或者可以马虎一点，但在孩子面前就一点也不能马虎。可以说，父母教孩子也是父母自教。我家有这样几个原则：

首先，对与错是绝对的，不是相对的。"明知故犯"是绝对的错，但是，"知"与"故"都是主观的。当你"知道"是错的事，而你仍是"故意"去做，这就是绝对的错。当然，除了你自己之外，没有人能够肯定这份"故意"。但是别人的判断，尤其是没有利益关系的人的判断，可以是一面镜子。在一个以爱为本的家庭里，父母的爱是没有利益关系的，因此父母的判断是最无私的，也就是最可靠的。当然，如果家庭缺少了爱，父母对孩子会是有私心的，孩子对父母也是不交心的。我家家教的前提是父母的爱心、孩子的交心。这也是一切家教的起点。

其次，对孩子的爱表现在是非分明、赏罚公平，是溺爱和冷漠二者之间的执中。溺爱是只有是没有非，只有赏没有罚；冷漠是是与非没有分别，赏与罚都没有意义。做父母的，不去分辨是非、不去坚持赏罚，有两种原因：懒和累。

懒的父母往往推说是非难辨，甚至干脆说是非相对。溺爱就不用是非，冷漠就无须赏罚。这都是不负责任——不负生孩子就要教孩子的责任。不负责任的父母会有不负责任的孩子。其实，不负责任也可能是一种逃避，因为教育孩子实在太累了。很多父母都是当初坚持，最终放弃。孩子初懂事时都是好玩的（少数有病的除外），就像宠物，逗得你开心极了。做父母的当然有求必应，多多供给。慢慢地这变成了理所当然。有求不应，甚至不马上答应，就成了父母与孩子之间的角力。另一方面，为孩子（或为自己），父母不断催促孩子学东学西，校内要名列前茅，校外要多才多艺。当初，孩子或会觉得好玩；不久后就只当是压力，引起了父母与孩子之间的争端；最后，孩子进入青少年期，有了个性，交了朋友，父母与孩子之间的代沟就来了。父母的教训哪听得入耳，父母唯有出动经济制裁，爱的关系变成利的关系，家庭关系变得一团糟。"养儿一百载，长忧九十年"，哪能不累？一开始生孩子，妻就决定做全职母亲。孩子就是她的"事业"，她把所有的时间、所有的精力投进去，与孩子角力（其实是与社会角力），角的是耐力。

与孩子斗耐力要从小开始，因为教孩子主要是要他养成好习惯。一旦养成，坏习惯后患无穷，好习惯受用无穷。什么是好习惯：第一（也是唯一）是慷慨。慷慨就是超越个人。对人慷慨是自己幸福和他人快乐的泉源。慷慨是强者的风范——不是强者才能慷慨，而是慷慨使人成为强者。每个人都有一些东西可以慷慨：学识、才能、金钱、时间皆可，但最可贵的是感情的慷慨——体谅、关怀。沽名钓誉当然不是慷慨，但"慷他人之慨"也不成。叫父母捐钱做善事不是慷慨，拿自己的钱去做善事才是慷慨。

慷慨也是大原则中的最大原则。从父母的角度去看，差不多所有的孩子问题都可以归纳为"不听话"。做父母的总想孩子"听话"。从孩子的角度去看，"听话"就是放弃他的所想去"迁就"父母。为什么要"迁就",尤其是当孩子认为父母的话不对时（就算父母口头上说服了孩子也不代表他心里信服）？这需要感情上的慷慨，出自孩子对父母的体谅、关怀，这只可能是出自孩子对父母的爱。这个爱是怎样来的？父母对孩子的爱是先天的，孩子对父母的爱是后天的，主要是孩子对父母的爱的反馈，也就是以爱还爱。孩子"听话"代表孩子爱父母。"听话"就是对父母慷慨，是孩子爱父母的具体化，是可以培养的。慷慨是可以言传身教的。孩子看见父母慷慨，就知道什么是慷慨；听到父母解释，就明白为什么要慷慨。孩子看见父母迁就爷爷奶奶，就知道他自己要迁就爸爸妈妈。

我妈的性格强，妻的性格也强。我们不住在一起，减少了摩擦机会，但几十年相处融洽主要还是妻能迁就。这些，我当然心知肚明，孩子们也一定体会到。什么生日、节日妻会动员全家向我妈请安、祝贺。我和孩子的起居生活妻也会按时向她汇报。有时，妻还提醒我给她打电话。这些，孩子都看在眼里，记在心上。久之，妻和妈的倾谈比我还多。到了孩子结婚、生子以后，妻在妈的眼中更升了级，关系像姐妹多于婆媳，谈话是调笑多于问答。慷慨是可以培养的，可以感染的。

最后，教孩子是不能等的。一出事就要教，不管是街上或店内。当时不教，回到家里小孩子会忘了，大孩子会不认。立即教就不会节外生枝。教孩子不要怕人前尴尬。自己尴尬是一时，孩子受用是终生。孩子们会有意或无意令你尴尬：小时是大哭，大时是大吵。其实，这往往是胁迫，不怕尴尬就不会受胁迫。孩子是聪明的，你不怕，他就怕。这点妻比我成功。虽然我教孩子也是不等，也是不怕尴尬，但我的教比较长篇。这有两个坏处：长篇大论，孩子失掉注意力；说话太多，总有一两个字会被孩子拿着来反驳。好处是让孩子知道父母是讲理的。妻跟孩子就不多讲，只一两句。孩子要辩，她总说"你慢慢想，想清楚再说"，或者"你现在不明白，将来会明白"。久之，我和妻有个默契。她先控制场面，我稍后解释。我家有晚祷的习惯，一般是在妻把家务做完之后，休息之前（孩子大多数时间会有作业，比我们睡得晚）。大家坐在一起，谈谈当天的事情。这也是我教孩子的时刻。循循善诱是很累的。孩子们年纪不一，理解能力有别。老大讲的，老四会茫然；老四认真的，老大觉得幼稚。可能是这关系，孩子们从小就注重言语的表达和思想的逻辑，这对他们学业和工作都很有帮助。

父母教孩子，有时会看错、说错，甚至做错。我家是"先听话，后讲理"。"父母有过，谏而不逆"。但这些只能建立在爱的基础上。我的最大体会是老大的成长。做大孩子的好处与坏处，都是父母的注意力太集中于他身上（在中国的一子家庭中问题更突出）。因此，特别是老大的抽动症未被断症之前的一段黑暗日子，他是很冤枉的。我们一早就肯定他不是顽皮，但越来越明显的抽动确实使人惊悚。失措的我不知从哪里听来了一个怪理论，叫"震惊治疗法"（shock treatment），就是猛力地摇动他、吓唬他，希望他"醒"。七八岁的孩子怎知爸爸的心痛，我怎跟他解释（解释就震惊无效了）。他不哭，我心里哭。妻也知这不是办法，但我坚持要试，她眸中充满的泪水我是看见的，孩子也肯定看见了。好个老大，他比我要坚强百倍，他对我的信任比我对他的了解大千倍。他的斗志激励了我的斗志，他的成长其实是我的成长。到今天，我还会跟他谈道说理，但我知道他不一定同意我的道理，但绝对尊重我是爸爸。去他家时，他在大媳妇和孩子面前眉飞色舞地大谈他少时怎样被"罚"，好像就是最光荣的事。当年我的"震惊治疗法"肯定是做错了，但为什么老大对我还是尊重？我唯一的解释是爱。我的失措是出于爱，他可能也能感觉到。只有爱才可以化腐朽为神奇。

电　视

　　我家至今没有电视。有人非议，有人羡慕，有人赞赏，但人人惊愕。其实，当初没有电视是因为懒，日后没有电视也因为懒。

　　妻和我都生长在有电视的人家。结婚、出国，跟着生孩子，连续四个。留学生生活紧张，虽然有台二手黑白电视机，但看的时间少。1979年开始我在大学任教，生活安定一点。那时，老大五岁，老二三岁，老三刚出世。在西方，哪个家庭没有电视机？自己也想买一台。到商场一看，款式多多，售货员鼓其如簧之舌，各款有各款的好。妻与我决定不了，等等吧。回家商量，她与我喜好的节目不同。我尤其喜欢不断转台，几秒钟转一转，妻受不了。谁来管遥控器？那时的电视没有现在这么多频道，但无聊的节目也不少，益智和适合小孩的不多，而且人人都知道小孩看电视的时间和节目也要控制，不然就浪费时间，影响学业。那时孩子们尚未上学，电视可以做保姆。把孩子放在电视面前，他们就整天目瞪瞪地呆坐那里，确实省了父母很多力。但人人都知道这是无益。妻和我想想，电视有一定的好处，但有了电视，她和我会争吵，孩子们也要严管，太烦了。我们也懒得去想解决办法，于是一拖再拖，始终没有买。慢慢地，习惯了没有电视的生活，就懒得去改变了。

孩子成长过程中，没有电视的人家是少有的。孩子们会不会感到压力？我不知道，但孩子们肯定知道。老二十二岁那年参加校际演讲比赛，他选的题目是《我家没有电视》。内容大致是说，小的时候，人家问，你家为什么没有电视，我会说爸爸妈妈等最好的电视才买。到了我七八岁的时候，如果人家再问我家为什么没有电视，我就会说看电视不好。现在，如果有人问我，我会说不看电视多好，家里交谈多了，兄弟玩耍多了，家更像家了。那次比赛他拿了头奖。我不知道他拿奖是因为内容好，还是因为讲得好，也不知道评判的是否全是成人，还是也包括一些学生。但假如以在场观众的掌声来衡量，老二的内容肯定引发了学生的共鸣。

其实，对我家不设电视非议最大的都是成人。最大的非议是：家里没有电视的孩子会与同学脱节，没有朋友，影响孩子的信心。我没有进行过科学研究（没有电视的家庭不多，找研究样本不容易），但如果单看我家，这非议就是错的。四个孩子都不缺朋友。电视上演的节目其实不会是青少年主要的谈话内容。成年人往往低估孩子们的智慧，认为他们都只懂吃、玩、讲是非。我家孩子交的朋友不是个个聪颖过人，更不是名门世家，但每个都有男孩子应有的清新和爽朗，没有矫揉、猥琐之人。或者是幸运，或者是物以类聚，在我的脑海中，他们的面孔充满喜乐、信任和希望；在我的记忆中，他们之间的交情真挚、纯洁、无私。我实在不能想象，没有电视就没有谈话的内容、没有交友的桥梁！

当然，孩子的信心和择友的标准是关键。两者是相关的。缺乏信心的人极需要朋友，就往往降低择友的标准；缺乏信心的人极害怕失掉朋友，就往往不敢放弃无益的损友。结果，越是没有信心，越是少朋友，越是容易交上损友。从小，我家对孩子灌输的思想就是交朋友不求多，但求好。况且，他们四兄弟就够玩有余了。交友重精不重多，精就是"精英"。只有精英才交得上精英。精英不多，但都有独立的性格、坚定的原则。我家孩子以这个标准做人，用这个标准交友。

不设电视并不是敌视电视。电视确是个世界之窗，虽然这个窗口看见的东西是受广告商支配，最终目的是消费。但如果懂得内里乾坤，不被蒙骗，电视可以是个信息的来源、消遣的去处。其实，我是顶爱看电视的。出差晚上，回到旅馆，可以花两三个小时。但我既爱看，也顶不耐烦看，不断转台。结果花一个晚上，看的是零零碎碎的十几个节目的几十个片段。事后更有点浪费时间的感觉。这是我定力不足。

但有多少人有足够的定力去抗拒由世上最聪明的人设计和制作出来的电视节目？有人说，没有人强迫你看电视，不想看可以关掉。唉，要知道，狼进来之后要控制它，难哉。但没有人强迫你打开门让它进来呵！

不设电视，不代表不看电视。电视确有很好看的。四年一次的世界杯足球赛是盛事。我家好友是意大利人，标准球迷，他家的电视又大又清。世界杯期内，我们就好像住在他家里，早晚赛事全看，两家人一起做饭，晚上才回家睡觉。赛前的评头品足，赛时的喝彩和嘘声，赛后的争论功过，七嘴八舌，口沫横飞，有认真，有笑谑，就像过节一样。人类"皆兄弟也"之情从几千里外的球场经电视传到我们两家，使我们感应到人类的脉搏，使两家人享受到彼此"皆兄弟也"之乐。电视科技确实把地球缩小，把人与人的距离拉近。可惜，我们往往本末倒置。远在天边的事物拉近了，但人人只专注地盯着屏幕上千里之外的世界，对近在咫尺的家人、邻里反视而不见，听而不闻，更遑论交往、交流、交心了。

许多人很认同我家不设电视，并后悔自己家里的生活空间被电视和电子传媒占领了。其实，人人的生活方式可以不同，只要生活得愉快就可以了。没有电视，兄弟们玩耍的机会和时间多了。从老大五六岁开始，孩子们尤其好玩"地牢与龙"的角色扮演游戏。功课做好了，几个孩子（有时也有其他小朋友参加）围坐一桌，有问有答，有说有笑，在充满了想象的神话世界中，在充满了人气的儿童生活中，共同成长。没有电视，再加上玩具不多，房子不大，孩子们想方设法地发明了很多方法自娱、互娱。争吵当然有，但只要父母公道和耐心，断不会闹大。孩子们玩心重，只要好玩，不会计较什么。玩之中，以人跟人玩是最爽、最不会厌。家里几兄弟的感情是在一起玩中滋养出来的。这只有大家庭才能体会得到。

没有电视的最大好处是家人之间的交流机会和空间多了。电视台把最精彩、最吸引人的节目安排在黄金档，一般是晚饭与饭后的时间。但这也是家庭聚在一起的黄金时间。白天忙，吃饭时和吃饭后正是家人之间交流的黄金时刻。我家没有电视，吃饭时热闹得很，严重违反圣贤们定下的"食不言"之戒。一般是吃饭时开了话题，饭后的讨论才是戏肉。经年累月如此，自然增长了知识，增强了逻辑。但最大的收获是兄弟之间、孩子与父母之间的无所不言、言无不尽。坦诚相向是相互关怀的基础，有交流才可以交心，有交心才可以相爱。电视占领家庭交流的机会和空间，所有现代家庭都体会过。

今天，电视落伍了，互联网上什么东西都有，电子游戏更令人着迷，但道理一样：屏幕支配了孩子，外骛淡薄了家庭。电视、电子游戏、互联网是不能"阻挡"的，它们无孔不入，只能"替代"，把好的东西先注满心孔，使不好的东西无孔可入。不设电视，是要把家庭放在孩子成长的中心，将家庭之乐如嬉戏、交谈、学习注满孩子的心孔，填满他们的时间。

# 精　英

　　每个家庭的背景，每个父母的阅历，每个孩子的性格都不同，教孩子哪有万应灵丹。就算同一个家庭里的孩子，也要因材施教。教的手法人人不同，我家特别注意培养孩子精英气质，从老大开始。患抽动症的孩子容易被人视为怪物，是被人欺侮的孩子的典型。久而久之，心理会扭曲，或愤世，或苟且，或阴险，这怎么会幸福？我和妻要他保持自信和良好心态，给他灌输精英思想。

　　精英不是追求高人一等，是敢于与人不同。关键在"敢"。病是与生俱来，不能改变的命运，不是可以用意志去克服的。但它不代表要消极地接受命运，而是要积极地掌握命运。我们很佩服西方某些人的积极：癌症的患者"不是患上癌症在等死，是与癌症一起过活"（not dying of cancer, but living with cancer）。癌症的事实不能改变，癌症的心态一定要克服。抽动症使他被视为怪物，他反而更要上进，去让人尊重他的才华，去欣赏他的性格。与抽动症一起过活的积极人生态度，使他从抽动症的奴隶变成主人。

人是群体动物，与人不同往往令人恐惧，恐惧被歧视、受排挤。老大天生顽疾，是被动的与人不同，或许可以得到群体的同情。而精英是主动的与人不同，难免与群体发生张力。这种情况发生时，只有三种结局：离经叛道，被群体抛弃；曲高和寡，与群体脱节；攀高一级，走前一步，在群体不感到威胁下创新局面、开新境界。

我家几十年住着同一个小房子。1979年，我从英国回加拿大，到女王大学工作。先到金斯顿，妻和老大、老二则住在多伦多朋友家（那时是老三待产），待我找到房，才接他们来。计划是由房屋经纪人先挑选，妻在周末来观看，如果没选中就下一个周末再来，直至找到。头一次跟经纪人见面，这位形象非常专业的中年女士非常认真地说："你有没有阶级观念？"我吃一惊，问她为什么，她说："我知道你从英国来，如果你重阶级，我就不会带你去看公主街以北的房子，那边住的大多是劳工阶层。"我们后来看中的虽然不是在公主街以北，但是幢由政府盖的廉价福利房转成的商品房。以当时的标准来看，是面积偏低的小平房，只有120平方米左右，以现今的标准来看更是蚊型了。几十年来，就是在这麻雀虽小的房子里营造我们的家。

在加拿大，典型是五到七年换一次房，越换越大。部分是随着家庭孩子的增加和成长，但更实在的是追求地位的象征。很多加拿大人既自讽也自傲地感叹："一生做房奴，不停交抵押。"

我家决定住"小房"，原因有几个。首先，大小是相对的。我家的房子跟人家的比确实小，但按实际空间需要来衡量也属足够。进住时我家是四人，房子有三间卧室，足够用了。孩子逐渐多，小时睡在一起，上下床，热闹之极。一个意想不到的后果是没有一个怕黑。孩子逐渐长大，作息时间开始有别，需要分房了。首先是我的书房变卧室，后是地库有窗的部分也改建为卧室（地库卧室很多加拿大家庭都有，很多孩子都想住，因为离父母监管稍远）。每个孩子都有自己的房间，何需换屋？其次，屋子小，打扫料理都比较容易。更有意思的是不会乱买东西。从衣物到杂物，从厨具到家具，都要考虑有没有地方放。慢慢地会发觉真正"需要"的东西并不多，生活也就比较简单。况且，屋小人气多。很多家庭只有吃饭时在一起，现在越来越多连吃饭也不在一起，家还有什么意思？屋小，"碰"的时候自然就多，早上上厕所要排队，出门上学、上班要挤在门口穿鞋穿衣，冬天衣服臃肿更是转不过身。人与人的感情是碰出来的。在爱的家庭里，哪怕有时碰歪，也有助感情的成长。西方重私隐，孩子把房门关上，里面干什么家长"不敢"管。我家也尊重孩子的私隐，但不视之为孩子的权。屋小人多的好处是，门外走动的人多了，孩子在里面也会自动地检点些。无形的

"监管"培养了孩子的自重。我家只有一台电话，放在厨房，孩子没有养成不停打电话的习惯。此外，屋小贷款就少，可以早点还清，我们既不换大房（也就没有新的抵押），就有余钱供孩子旅行。很多加拿大家长把钱放在换大房子，死后留给孩子多点遗产，我家把遗产"先付"（pay forward），供孩子去换知识。若是他们拿得真知，相信也不会在乎我们死后的几文钱。对死后遗产的分配，我和妻的宗旨是："仍有需要的，不值得给；值得给的，不会有需要。"（Those who need it, don't deserve it; those who deserve it, don't need it.）

以上这些原因，在买房的时候，妻和我都大致想过了。虽然也知有点与人不同，但绝不是因为想做"精英"。那位房屋经纪人竟然把我当作那些阶级观念重（通常也包括有钱人）的另类精英。

母乳喂婴、不设电视、孩子做家务不给酬，我家往往与人不同。与人不同非但吃力，而且不知道自己是走在前面还是与人脱节，更或是追求虚名。我要声明，我家保守、从众，对传统、主流都非常尊重，因为传统是前人智慧的累积，主流是今天众人的选择。虽然我们不会为了与众不同而与众不同，但是传统与主流仍只是一般性的准则，不一定适用于所有家庭、所有孩子。而且，传统与主流也在不断更新，而精英往往是这种改变的起步器或催化剂。

与人不同不是目的，也不是手段，是独立思想的体现。

关键在教孩子敢于独立思想，也就是"求诸己"——一种"自反而缩，虽千万人吾往矣"的情操。智者不惑，勇者不惧，我家要求的精英气质就是这。建立在独立思想上的与人不同才算精英。独立思想就是"求诸己"。"求诸己"是需要方向和原则：方向是小时做好男孩，大时做好男人；原则是慷慨、正派与服务精神。这些父母也要身教、言教。

信心和内涵是精英气质的基础要素。我家没电视，孩子们不怕同学笑，这就是信心；孩子们明白电视之外有更有趣的话题，这就是内涵。信心萌芽于孩子对父母的信任，成长于父母对孩子的信任；内涵先由父母传授孩子，继由孩子充实自己。内涵充实了才有独立的思想；信心成长了才敢独立去思想。两者与时并进。

加拿大主流是，孩子课外活动需要用钱（少的如打球，多的如出国）就向人筹募。最常见的是在社区里上门募捐：有时是校方发廉价糖果给学生上门高价兜售，有时是发动捐募单或抽奖券，由学生向人推销，无论哪种，多少都有点软勒索的意味。西方主流的解释是教孩子自立；其实，那些买学生兜售的物品的大人，都是抱着逗逗孩子、帮帮孩子的心态，孩子也明知如此。这怎会养成孩子的自立？甚之，会养成孩子依赖，认为人家付钱给自己享乐是理所当然。我家不这样干。课外活动是种选择，有钱（包括家长的钱和孩子的储蓄）就自己付，没钱就不参加，不应要赖，不应依赖。去不去是小事，自尊是大事。如果校方规定要筹募就向校方解释（小时由父母去，大时自己去），理直自然气壮。

还有，在加拿大，孩子动手做家务，父母要给钱，而且有"公价"。小时收拾自己衣物、整理自己房间，大时除草、铲雪等都是按工论酬。十四岁开始，课余打工赚的钱全归自己。到了十八岁，如果还住在家里，有些父母是要收租金的。加拿大父母的典型说法是："住我家，听我话"，比较反叛的孩子可以诠释为"不住你家，就可以不听你的话"。在他们看来，孩子出力，父母给钱是公平；孩子赚钱自用是学习理财；孩子交租金是代表自立。然而，为什么家庭关系要模仿雇主和雇员、房东和房客？为什么在孩子应该专心念书的时候让他打工赚钱？这些都是钱作怪，把无条件的父母、子女关系导向为有条件的交易关系。我家不搞这套。孩子不是"雇员"，家务人人有责。"帮手"是减轻父母的负担，训练自己的能力。理财跟赚钱没有关系，懂赚钱的人不一定懂理财。把钱看得太重反而坏了家庭关系。我们要给孩子自信：同学们有的是"个人"的钱，你有的是"全家"的钱。家里只有一个口袋，谁需要就用给谁，全家的力量支持你，还用怕？

这些都是我家的经验，不会人人合用。但每个孩子的性格、家庭的背景、问题的性质，总会有些时候不能或不想跟主流。这会对孩子构成压力。消解压力就要培养孩子独立思想，要父母身教、言教"自反而缩"的道理。久之，孩子会养成精英气质——一种有内涵、有信心的与人不同——对他的成长是好事，对他的群体有贡献。

# 成　长

由三岁开始，男孩子要像男孩子。
男孩子要有英气，英气就是硬朗和大方：
硬是纪律，朗是爽快，大是慷慨，方是正派。

# 婴 孩

一离开母体，人就要学习独立生存，从呼吸到进食，从行走到思想。一睁开眼睛，就要学习与人共存，从哭笑到说话，到鉴貌辨色。带引孩子的成长是父母的最大责任，适应他的成长是父母的最大挑战，陪伴他的成长是父母的最大享受。

上天有意安排老大做我们的第一个孩子。初为父母，面对一个性格强的孩子确是个大挑战，但带引他成长也确实教育了我们，充实了我们。我不知这有没有提升我们的教子能力，但肯定巩固了我俩的夫妻感情。

当初，我对喂母乳持保留态度。我出生于40年代的香港，那时有钱人家全用奶粉，贫苦人家用米粥，奶粉是先进国家的产品，是营养丰富的育婴品。虽然从没有人说母乳不好，但奶粉更好。妻坚持母乳。当初，她完全没有经验，而且开始的几天确有困难，她的坚持完全是母性的驱动。也是天意，正好有"母乳会"在医院宣传，这些妇女非但教她喂母乳，并且帮助她度过了艰苦的几周。

老大9月初在加拿大多伦多出生，而我9月中到美国麻省理工学院上学。计划是妻儿先留在多伦多，等我在麻省安顿后就接他们过来。我离开多伦多的时候，全部家当都已经托运，剩下的只有一张床。初产的妻带着初生的老大，家徒四壁，举目无亲。"母乳会"的人每天来，有的带来水果，有的带来婴儿衣服、用品，有的替她做饭，有的替她打扫。实质的帮忙固然重要，更重要是无私的人情。

这几个星期是我人生历程中的一次大考验。彷徨的我在新环境中不知所措，老师讲的听不明，教材写的看不懂，作业几次被退回，因为答非所问，究竟我是不是这块材料？无助的妻，面对无助的老大，既要康复自己，更要照料婴儿，为的是让我追求个人理想，这对她是否公平？她在加拿大，我在美国，穷学生怎付得起昂贵的长途电话费，说两句就要挂线了。心内焦躁但又无人倾听，牵肠挂肚只能两地相思。最后，妻决定提前过来，当地"母乳会"是她在美国最先认识的朋友，有些友情维持至今。

吃母乳对婴儿健康好，对母亲复原好，原来对父亲也好，不用半夜起床也！一开始，我们用婴儿床，半夜老大哭了，妻就把他抱过来喂，吃饱了放回床里。不过，他有时未曾吃饱就睡着，但几分钟又醒过来要吃，有时饱了还要啜着，求慰藉。这种折腾苦了妻，我却蒙头大睡。睡眠是婴儿母亲最需要的东西。不久，妻懂了（她从不看育儿书，当初是凭母性，靠常理，后来加上点经验而已），索性与婴儿同睡。我可苦了，把婴儿放在中间又怕压着他，放在一旁我就无地容身。于是我被赶下床，在床边另放一套床褥。孩子一个一个接着出生，妻要不断喂奶，所以多年来我们是上下床的夫妻。

"母乳会"不主张强迫戒奶，认为婴儿啜着妈妈往往是求安全和慰藉，是正常不过的事情。强迫戒奶会使孩子有恐惧感、被拒感，甚至羞耻感。妻很赞同，她说："谁见过十几岁的还要喂奶？孩子没需要就自动会戒。"

在家里喂奶倒还方便，在公众场所就难免众目所视。很可惜，很多人仍未接受这个最天然、最卫生的哺婴方法，渗入了邪念，亵渎了人类最高贵的母性。因此，喂母乳需要信心，不是离经背道的不羁，是为儿为女的坚持。对愿意坚持以孩子的福利为最高原则的母亲来说，喂母乳会诱导她做更好的母亲。首先，她要戒烟、戒酒、戒毒，因为她吃的就会是孩子吃的。母亲也许看不见烟、酒、毒对自己的害处，但会马上看见这些东西对婴儿的严重影响。就算日常饮食也得小心，多喝点咖啡、多吃点甜品，婴儿马上就有反应。心理上也如是，母亲的情绪会马上反映在婴儿身上。如果想婴儿长得正常，做妈妈的就要活得健康。

我在贫寒中长大，最大的感受是住得局促，最差的时候是一家八口住 9 平方米，到中学还要与人同床，更遑论有自己的房间。西方电影里，都是每个孩子一间房，很舒服，很有私隐；孩子几个月大，甚至刚出生，就有自己的房间，从小养成自立。这"先进"的理念，再加上我个人的"自卑"，就决心尽早让孩子独睡。

在麻省的时候，住的是学生宿舍，只有一间卧室，老大与我们同房。转到剑桥，租了一栋两层的小房子，三个小卧室。既然要适应新的环境，我就趁机要未满两岁的老大独睡。妻不同意，但是我一意孤行。最初几晚，他哭，哭得很久，我决定狠心不理睬，也不让妻去管他。哭倦了，没声了，我就去偷看一下，也是担心他的安全，看有没有掉下床，有没有呼吸，给他盖上被子。夜半他醒来，又哭了。如是每晚折腾好几次，很累，但总以为是为他好，就得坚持下去。有一晚，他又哭了，而且哭声凄厉。妻和我累极了，把被子蒙在头上，半睡半醒。蒙眬中，我感到有人站在床头，转头一看，是血流满面的老大，吓死了。原来他流鼻血，越抹越流，就来找爸妈。鼻血事小，心灵事大。可怜的老大，可笑的爸爸，自立怎可能"逼"出来？勉强去做会扭曲孩子的心理，伤害父子的亲情。难道孩子独睡就是自立？自立来自于自信，自信只可以自发，逼出来的不是真的自信。性格强的孩子会变得好胜，性格弱的孩子会变得做假。经过老大的教训，我家不再强迫孩子独睡。强迫是自讨苦吃，不如顺其自然。但孩子们过了两岁都不想睡在我们的房间，兄弟们同睡一起过瘾多了。我和妻的结论是：西方家庭的孩子独睡，为父母私隐多于为孩子自立。

"树要从小屈，长大屈不得。"但是，幼苗是不能屈的，一屈就断。两岁以下的婴孩不会坏。婴孩无诈，哭是因为有需要，笑不是为想取宠——是成人（包括大孩子）教坏他。用他喜爱的东西逗他，要他笑、要他叫再给他，久之，他知道什么是媚；有的甚至在他笑、他叫，戏弄完了之后也没给他，久之，他知道什么是奸；他需要的东西不给他，要他不断哭才给他，久之，他知道什么是顽；有的甚至他哭倦了仍不给，久之，他知道什么是狠。

孩子以哭笑作武器，广东人叫"扭计"。"扭"是不正，"计"是权谋。没有人一生出来就懂"扭计"，"扭计"是要学的。怎学？跟父母学。初生婴儿是完全"自我"的，一切都是以自己的需要为中心，因为他不可能知道别人也有需要。因此，他饿就哭、痛就哭，饱就笑、畅快就笑。但他的需要一定跟父母在没有生他之前的起居习惯、生活节奏有冲突，尤其是他是第一个孩子的情况下。他怎能知道要等父母下班后才可依偎，父母有假期才应生病？婴孩自我保存的天性碰上了父母的"自我"就出事了。初为人父、人母，不知道或不接受有了孩子就要牺牲自我，再不能为事业加班熬夜、找朋友吃喝玩乐。勉强改变自己的习惯和节奏，或强迫婴孩迁就自己，都没有宁日。父母勉强自己或强迫婴孩，婴孩是完全可以感受到的。婴孩是只知自己，全不知别人，绝没有斗的意识，但若是父母坚持"自我"就是与无助婴孩角斗。只懂哭笑的婴孩就慢慢地学晓"扭计"了。

与别人共存是要学来的，父母是头一个"别人"，是婴孩学习与人共存的头一个参照，影响他对别人的认识、对别人的信任和与别人的共存。父母用他喜爱的东西逗他，但又不给他，他学晓奸；父母知道他诉求需要的东西，但又不给他，他学晓狠。如果他对世界的头一个认识就是奸、狠，他怎不会对人性悲观，悲观的人怎会真的幸福？其实，绝大部分父母都不会对孩子奸、狠的，有些是不想放弃未生孩子前的自由自在，有些是以成人的心理去判断婴孩的心理。

初有孩子的，都想做好父母，但往往又不知怎样去做。婴孩的要求又好像特别多，而且时刻改变。吃的时间与分量、睡的时间与安宁，每三两周就变，刚适应好又要重新适应，把人弄得筋疲力尽。虽然孩子是爱情的结晶，但初为人父母者就好像从此要告别二人世界，丈夫觉得被妻子冷落了，妻子却觉得丈夫不体谅。其实问题不复杂，归根结底是未能接受孩子，尤其是头一个，尤其是刚出世。

父母可以选择生孩子，但不能选择生个怎样的孩子。生出来就得接受，接受他的性格、样貌、智能。他虽然是你生出来的，但他不是你，不能变成你，更不可以变成你的理想。要改变不能改变的东西是自寻烦恼。你抗拒他，他很难不抗拒你；你接受他，他很难不接受你。接受他反而较易适应，起码你心中少了怨气、愤气。也会更创意地协调夫妻和父母的双重身份，创造夫妻独处的机会，就如当年，夜阑人静时与妻听点音乐，白天孩子睡了时与妻电话聊天。父母不抗拒婴孩，他就不会令父母太累，父母就更能享受他的成长。

做父母的要有信心，两人有商有量一定不会大错。一切顺其自然，他要吃给他吃，要睡给他睡，不压抑他的天然需求就不用花你的无谓精力。你会放下任性的吃喝玩乐，因为你知道孩子长大后你自己可以尽情玩乐；你会放开执著的教子成龙，因为你知道婴孩的天然需要会驱使他比你更执著。顺其自然，你就没有成与败的计较；你处处为他设想，他就断不会扭计。更重要的是，你使他放心，他就对你有信心。当你观察到他的心智开始成长，尤其是当他开始说话时，就要教。此时，他对你的信心将会是建成他的自立的最好基础。

# 儿　童

　　性格是天生，人格要培养，由三岁开始，男孩子要像男孩子。男孩子要有英气，英气就是硬朗和大方：硬是纪律，朗是爽快，大是慷慨，方是正派。一切从纪律开始。我家孩子从小学琴、学画，是培养纪律与品味；背九因歌、练英语拼音，是培养纪律与学识；上学校、赴约会、上教堂，从不迟到，是培养纪律与责任感。都是妻的坚持。

　　学琴就要练琴，练琴是很刻板的，不练指头就不听话。西方儿童教育强调兴趣。孩子初学，叮叮当当乱敲是兴趣；学有所成，奏出动听的乐章也是兴趣。但从初学到学成的漫长日子里就没趣了。大多数孩子是五分钟热度，熬不下去。我家四个孩子，只有老三有点天分，但妻坚持每人都要学到皇家音乐学院十级考试合格。十级合格不代表什么成就，只代表一个交代（十级以后就算专业了）。这个坚持是有代价的。

　　妻也学过琴，造诣不高，但对与错总能听出来，可以监督孩子；指法上也有一定的认识，可以帮助孩子。一家六口的家务已经够多了，但为了坚持学琴的纪律，陪孩子练琴变成了妻的家务之一。老大虽然有抽动症，也一样要学。不同者是人家弹琴，他撞琴。也许是皇家音乐学院网开一面，他仍拿到了十级证书。弟弟们看见妈妈对哥哥的坚持，看见哥哥对妈妈的服从，虽然有时没兴趣，需要妈妈督促，有时遇困难，需要妈妈帮助，总的来说都能从一而终，这也就是最重要的纪律了。

学画也如是。有时，我觉得老大的抽动症固然是上天给他和给我们的考验，但上天也给他和我们力量去应付，而且有时也给一些意想不到的鼓舞。孩子们学国画，老师是个华裔泰国人，画的是工笔画，尤精于花、鸟、虫、鱼。这些都需要心细手灵，老大怎么成？这位老师虽然没有说出来，但心里总觉得老大未尽全力去控制他的抽动。多年后，孩子们都长大离家了，这位老师和我们虽然不是什么好朋友，但街上碰上总会客套一番。那次，不知她怎么探得老大从美国回来探我们，就打电话给妻，要请老大去她家吃饭。她要老大坐在她旁边，席间，她突然站起来，握紧老大的手，泪盈双眼，用沙哑的声音说："孩子，接受我的道歉。当年我不知道你患病，心中冤枉了你，请你原谅。"拥抱着老大，哭了。面对困难不自怜、不气馁，坚持不懈地奋斗，成功与否谁都不能预测，但这份纪律仍是动人的。

四男在家门前的合影，摄于 1984 年。现在他们背
后的圣诞树已经长成八米多高。

兄弟四人，直至大学毕业，一直住在家中。家是他们学习
为人处世的最佳场所。摄于 1985 年。

1977 年，三岁的老大在香港；1978 年，快两岁的老二在剑桥；1983 年，三岁的老三在加拿大家中；1985 年，三岁的老四在加拿大幼儿园。

1983 年的万圣节。

我家每年要寄出近百张的圣诞卡，稍微精美的卡就是两三块钱一张，成本不菲。妻想出一计：从每个孩子年内画的画中选一幅比较有代表性的，缩小，复制百多张，可以做圣诞卡，也可以做谢卡、贺卡。年幼时是几笔涂鸦，年长时是可以挂上墙的轴画；到大学时还是要每年给妈妈交画，这也是种纪律。由于比较别致，很多亲戚朋友都收藏起来，有些还把卡镀膜来保存。一次跟一个朋友说起我家自己都未曾把卡存起来留作纪念，几个月后，他寄来整套他每年收到的卡。卡中，我和妻看到孩子们的成长，想起多年来的旧事，既感慨也感恩。孩子长大、成家，有几年我们的圣诞卡是孩子们的结婚照片和孙儿们的出生照片；但是从前年开始，孙儿们也开始要给奶奶交圣诞画了。

　　西方人（起码在美国与加拿大）把孩子的生日看成天大事，有钱的更大事铺张，花几千元是等闲，甚至请"生日派对专家"去编排吃喝玩乐一众活动，收来的礼物如山积。即使普通人家也会花几百块钱。西风东渐，中国家长也为孩子过生日，中国孩子也预期父母为他过生日。中国的传统是六十岁以上才做寿，是儿孙为老人家做的，为的是庆贺高龄和感谢养育。六十岁以下不做寿，小孩子更是绝不敢铺张，因为怕折福。我家入乡不随俗，取中庸。

　　外国父母为了孩子过生日，很多变质成为父母的炫耀，家长之间的竞赛，更养成孩子的娇宠。我家教孩子：庆祝生日是因为有值得庆祝的建树和贡献。小孩子哪有什么建树和贡献值得庆祝？更不用说要父母铺张、人家破费。人家小孩过生日，我家孩子逢请必到，逢到必欢，为的是尊重人家；但我家不为孩子搞生日会。久之，人家对我们不搞生日会也不介意，知道我们的孩子既不是高人一等的自骄，也没有低人一等的自卑，对人保持友善，对己坚持原则。虽然礼尚往来，但也尊重我家的作风，还不时说要学习。我家虽然不搞生日会，但逢孩子生日总会做个蛋糕（孩子长大了，仍觉得妈妈做的蛋糕最好吃），做些好菜，主要是要孩子知道过了一年，长了一岁，一方面感恩这年没有白费，一方面勉励来年百尺竿头。

我妈和妻有一个同样的教子良方，我很赞同——不怕人家责骂自己的孩子。很多家长的保护性很强，任何对孩子的批评都看成一种恶意攻击。他们认为所有批评都怀有恶意，都是对孩子的攻击，甚至不少家长把人家对孩子的批评看成对自己的批评。孩子是"善解人意"的，父母过度保护会使性弱的孩子变得更懦弱，性强的孩子变得更强横，性狡的孩子更是肆无忌惮。对待批评，关键原则是对事不对人，批评的合理与否跟批评者的动机无关。善意的批评也会不合理，恶意的批评也可能合理。孩子应首先反省自己有没有做错。错则改，无错则勉，并且要反思人家为什么批评：是自己的态度不好令人反感，解释不清使人误会，还是人家的观点与信息不同而引致分歧？对家长来说，多一个人批评自己的孩子就是多一个人教他，是好事。只要孩子有自信，够谦逊，恶意批评对他是百毒不侵，而且有助于他的修行。

自信与自谦不能缺一。自信不是相信自己不会错，那是狂妄和无知。自信是错不怕，是一种在挫败中不断学习、不断提升的韧力和乐观。自谦不是认为自己不对，那是懦弱或虚伪。自谦是对就说对、错就说错、知就说知、不知就说不知，是一种在人生的成与败中对己对人的诚实和坦然。

三岁到十岁左右是孩子的心理成长期。之前，他没有善恶观念；之后，他很难改变他的善恶观念。在这段期间内，孩子的性格类型渐渐被环境、教养塑造成他的人格倾向。西方父母崇尚自由发展。如果这是指让懂事的孩子去自由发展，我倒赞成。但如果让心理未成熟、善恶未分明的孩子去乱闯乱撞就是父母的失职、孩子的不幸。在比较朴素的时代、比较单纯的社会，孩子的管教除父母外，还有亲戚朋友、街坊大众。最野的孩子也有所顾忌，不会过分越轨。可如今，自由发展是时尚，道德多元是风气，孩子也要谈隐私、人权，离经背道的是偶像，伤风败俗的是英雄。孩子胡来，若是父母不教，亲戚朋友、街坊大众，谁敢说不。

教孩子的先决条件是孩子对你说实话。小孩子想象力强，满脑子亦幻亦真的故事。这是孩子可爱的地方，不要抹杀，要欣赏、享受。但是，小孩因为怕罚或是邀宠，也会不实不尽。久之，性弱的变得巧言令色，性强的变得强词夺理。孩子不说实话，父母无从判断对错，怎么教？我家是釜底抽薪，排除孩子说谎的机会。首先是规矩少，只有一条——要听话。父母与孩子的关系不是政治关系（特别是孩子还小的时候），家里是没有民主的，因为孩子不是民，是父母的责任；因此也不会有所谓独裁，只有父母一面倒地去教和养。

三岁之前的婴孩完全从以自我保存为中心，但三岁开始就认识到要与人共存了。自存要教（无知或过度的自我都会导致自毁），共存更要教。共存乃自存的最佳保证，因此我家强调慷慨、正派与服务精神。父母是第一个老师。家教就是家规的基础，孩子要遵守，父母更要以身作则。爸妈不一定知道一切，不一定绝对正确，但爸妈对孩子无私的教和养就是对孩子的慷慨，因此，孩子对爸妈的慷慨就是先听话，后说话。这需要孩子对父母有足够的信心，而这份信心来自孩子知道父母对他的爱心。

善恶观念是耳濡目染得来的，身教最重要，但言教也不能缺，否则孩子只知盲从，不知道理。但先要他服从，然后跟他说理，这样，就没有辩的必要了。养成听话的习惯，就是杜绝了说谎的机会。当然，理还是要说的，但不要在孩子满脑歪理的时刻跟他辩驳。事过境迁再跟他说理，而且是轻描淡写，他才容易接受。教孩子要冷静，冷静才能清醒，清醒才不会失错。父母不失措，孩子就更信服。

很多父母以嘉赏来换取孩子听话，这很危险。这是"收买式"的教育，容易养成孩子功利。难道父母不嘉赏就不用听话？孩子自己放弃嘉赏就无需听话？我家的规矩是听话乃孩子的责任，没有选择。乐意听就是大家愉快，就是已经赏了；不乐意也得听，不愉快就是他的罚了。

有时，孩子不是说谎，是隐瞒，尤其是隐瞒在外面干的事情。首先，最好养成孩子英爽、正派的气质，不屑于做见不得光的事。若是觉得他有隐瞒，还要等证据确凿、无从抵赖再向他摊牌。不要说"你是不是在妈的手袋里拿了5块钱？"要说"你在妈手袋里拿了5块钱，用来干什么？"父母先说实了，孩子就不能抵赖，也就不会学会抵赖。偷钱不好，但偷钱的理由更关键。无论是自己花费还是被顽童欺负、勒索，找出理由，就可以找到问题的根源了。若是用来自己花费，就应该调节他的零用钱；若是被人欺负，就应该帮他对付顽童。只要他觉得父母是合理的、是为他好，他就对你有信心，对你交心。这些要从小开始，一两次就开始成为习惯。小时是好的习惯和坏的习惯，大时就是好的人格和坏的人格。

几岁的孩子，断不会眨眼间变成说谎能手。但是，如果父母处处怀疑，咄咄盘问，他慢慢就学会察言观色、砌词推搪，怎会爽朗，怎会慷慨，怎会正派？

## 少　年

　　当孩子长得跟你差不多一样高，当他跟你说话时眼睛不再是仰视而是平视，这就到了他反叛的时刻了。弗洛伊德说的废话很多，但他说男孩子会反抗父亲，要从父亲的影子走出来，很有道理。

　　传统家庭里，父亲是权力的象征。可以想象，在孩子的眼中，父亲的权和力是相连的。父亲有一家之主的权，因为在一家之中最大力。一天，当孩子有了力，自然挑战父亲的权。这一点上，人类家庭反映着动物世界。但人虽是动物，却不单是动物，还有理性。父亲有一家之主的权，确是因为他是一家之中最大力的，但他的力不是用来威压孩子，而是用来保护孩子。一个好父亲的力，包括体力与智力，是用来履行养妻活儿的责任的。

　　相应的，为了一个家庭的健全发展，妻与儿的责任是妻贤子孝。这是理想的传统。但是，僵化了的传统成了使人窒息的枷锁。现代文明强调打破传统的束缚。做妻子的要经济自主，做儿子的要个性独立，妻贤子孝被打成了"落伍"，那么，做丈夫和父亲的干嘛还要为这个劳什子的"家庭"卖命？现代家庭就是现代功利社会的缩影。传统以家庭为中心，现代以个人为中心。我家是思想传统，手法现代。妻是典范。她是全职母亲，但是摩登妈妈。她传统，把家庭放在事业之上；她现代，把事业放在家庭之内。家里的关系是责任的关系：父母有责任去教，孩子有责任去学，大家有共同的责任去营造和维护一个健康和完整的家。

传统家庭以男性为主，以父亲为首。男性好斗，生理使然，尤其是少年发育期，男孩子与父亲的冲突难免。但男性也应有其"男子气"的爽朗，冲突不一定成积怨，只要有疏导之途。在我家，妻是唯一的女性。她是慈母，爱护孩子，孩子也爱惜她；她是贤妻，尊敬丈夫，我也尊重她。因此，她自然地也积极地做了我和孩子之间的缓冲。首先是冲突减少，因为孩子不想妈妈不开心，丈夫不想妻子担心。孩子有事，先跟妈妈说，大事她跟我商量，小事由她决定。但大事绝少。妻的决定，我绝对支持。这样，从孩子来看，妈是"话事"。久之，孩子有事只跟她说，由她处理，我反乐得清闲。"话事"就是权。父亲不"话事"，久之，也没有什么权了，孩子也没什么要和我斗了，家就自然和谐。其实，"话事权"只是父母履行教育孩子责任的工具，父亲使用或母亲使用都无谓，只要达到教子目的就是了。好父亲无须是"大男人"。放弃"大男人"去换来妻贤子孝、家庭和睦是极划算的买卖。这是我的幸运。

当然，教孩子是要他好好成长，有一天可展翅高飞。中学是预飞的准备，大学开始起飞，大学之后要高飞了。小学时期，培养他听话的习惯、精英的意识，有了这些习惯和意识做基础，中学就是学习独立思想。独立思想是独立人生的前奏和后盾。

孩子幼时，父母告诉他什么是善，什么是恶，他就相信了。因此，千万不要哄骗孩子。首先，不要担心孩子害怕实话。他从你这知晓真相胜于他从别处知道你骗他。他问你他是怎样生出来的，你就告诉他生理真相，不用尴尬；他问婆婆为什么不来，你就告诉他婆婆死了，不用支吾；他问为什么他不能参加学校旅行，你就告诉他家里没有余钱，无需歉意。孩子对真相的承受力往往比父母所想象的强得多，但他要知道父母说实话才会相信父母的解释。他信赖父母，父母要珍惜这份信赖，绝不能失信。他在信赖中养成的道德习惯是父母给他的最好礼物。

但是，到了少年，他就需要学晓明白和分辨善恶，也就是在良好习惯的基础上建立他理性的道德观。这需要独立思想。我家重交流，无所不谈，无所不辩，有孩子与我的辩，更有孩子之间的辩。当年，我认为每辩都要有结论。但今天回顾，我觉得结论不要紧，起码在辩时不要紧，特别是有关父亲与孩子的辩。孩子辩不过你，不代表他真的服你，因此结论就只是你下的结论，是种权力。孩子的理性是不能在权力下成长的。当然，父母子女之间各人的权利与义务不可能有平等（应是对等），但理性就不是这样了。真理面前人人平等，父母的强词夺理会彻底破坏孩子对父母的信任。其实，父母与孩子的辩不应是"辩"（有输有赢的辩论），而应是"辨"（越来越清的辨别）。

言语间大家都应留有余地（当然还是要由父母做起）。况且，孩子怎跟你说（辩）也不一定真正会按他说的话去做。有时，他是真的与你有不同的看法，但有时只是想刺激你，尤其是他看见你太过认真的时刻。父母应多点幽默感（看出事情真谛时的一种哑然之笑；看出自己无知时的一种自嘲的羞赧）。这是最好的舒缓，为孩子，也为了自己。况且，你要教孩子的是独立思想，那么，一定要让他独立，但同时也一定要他思想。不然，他只会唯唯诺诺，或是谬论连篇，对他日后修身处人都没有好处。

我家的"辩"绝大多数是一些学问上、社会上的话题，有时甚至是为说话而说话；绝大多数是逻辑的交锋、智慧的品评，调笑多于争吵。这是我家的特色，也可以说是一种无比的家庭之乐。人与人之间的交流不进则退，越少说话就越少话说。哪怕是吵，吵声也胜过怨气，胜过不说话。孩子不说话是父母的失败，父母要孩子闭嘴更是家庭的灾难。我家几个孩子从成长到成家的二十多年，家里充满了人气和人声。

也许是因为孩子从小有好习惯，他们的成长中家里没有很大的冲突；或者是妻对孩子虽然严，但也慈，在她的恩威并施之下孩子没有很大的反叛。但我觉得妻还有一套法宝：一只眼开，一只眼闭。闭的时候是观音菩萨，开的时候是法眼难逃。孩子们又爱又怕，摸不透妈，就只好规规矩矩了。

其实，妻非但摸透了孩子的心理，也很"务实"。孩子心里有鬼，她能感觉到（这是上天对全职妈妈的赏报）；但孩子作怪往往是暗地里、背地里，她怎能全知？所以，除非掌握不容狡辩的证据，她不会发作，但一发炮必打中。一两次之后，就建立了权威。孩子对妈的爱和畏，一个传一个，谁也不敢妄动。还有，她对孩子明言，她是不讲理的："对就对，错就错。要讲理去找爸爸，他比我更懂讲理。"她这么一说，对与错就无容再辩，妈说的就是对。那么，我跟孩子说理只是以理性去解释妈的话，帮助孩子去辨认对错。孩子面前，妻对我说的理从无异议（有不同意见也只在事后跟我讲），只说："你们听爸说，他说的正是我想说的，不过爸爸说得比我清楚。"她在孩子面前对我的尊重使我更易尽父职。其实，孩子对父母是很慷慨的，他们只需要父母对他的爱，不很在乎父母的对或错。

独立思想必会导致独立行为，也必会犯错，只希望犯的不是无可挽回的大错。老四念完大一机械工程，成绩很好，想转读工程数学。我们认为这对他会比较难，但他坚持要犯难，我们就让他尝试，只要他做好退路。但结果前路不通，退路也被堵，他这个自由选择代价很高，差不多无可挽回，但也给了他一个珍贵的成长机会，给了我家一个珍贵的团结机会。全家齐心协力助他改变局面，化被动为主动。他决定从一而终，把工程数学念完。这是心理上的关键转折——以积极的进取去取代消极的后悔。这个挫折使他学晓自知是真知的起端，学问来自点滴的累积，自助是人助的先决。在某种意义上，这比风调雨顺念完机械工程有更大的收获。

反叛容易，独立难。反叛的后果不是立时看得见的，加上很多父母对孩子的反叛感到内疚或丢脸，就包容了。这样，孩子会觉得反叛非但没有代价，还可以对父母"勒索"。反叛变得有理兼有利。独立就完全不同。要独立就要对自己的所作所为完全负责。孩子（甚至很多成人）对真正的独立是深怀恐惧的。西谚有云，"成功有很多亲友，失败是个孤儿"。要教孩子思想独立、人生独立，就要教他应付失败。当然，没有失败就不用应付，但凡事成功，其实是未尽全力。

我家对孩子不求成功，但求尽力（personal best）：也就是今天比昨天好，明天比今天好，直到最好。何时是最好？"失败"的时候。就像体育跳高。跳不过的一刻就是最高。我家对孩子从小灌输精英思想，强调坚持原则，不畏失败，永远把目标放在比自己的能力高一点。我常用"二战"时隆美尔将军的坦克战术手册中一段为孩子励志：兵力比敌人高的时候没有战术可言，兵力比敌人低的时候才是发挥战术的时刻。以多凌少，胜之不武；犯难攻坚，虽败犹荣。

但是，犯的难、攻的坚必须是有意义的，不然就是妄为。意义必须来自独立思想，也就是一种择善的智慧。这样才会败而不馁，勇者无惧。勇气必须是来自独立个性，也就是一种固执的操守。回顾我家，大约是在小学时期坚定孩子不畏败的信心，中学时期鼓励他们独立的思想。独立的人生同时需要原则和操守，也就是"自反而缩，虽千万人，吾往矣"的智慧与操守。

小的时候，孩子对你信任；大的时候，你要对他信任。中学是过渡期，这段时期男孩子与爸爸的关系特别紧张。做父亲的特别要有幽默感。孩子认为你落伍，你不要否认，因为你实在是落伍，难道你忘掉当年也曾认为你的爸爸落伍？你要"赶上"孩子往往是出于逞强。况且，你总有一天要落后的。你是爸爸，已经拥有爸爸的权威，怎么能把孩子的一小点优越感也摘走？

你要对孩子慷慨。孩子最需要的慷慨不在物质、时间，甚至你的智慧，他更需要的是你的感情慷慨：应责骂他的时候放他一马，要处分他的时候出手稍轻；分享他的快乐，但不纵容他；分担他的苦恼，但不窒息他。如果你觉得很难做到，就让他的妈妈去做，但你要支持她、欣赏她。孩子充满憧憬，但又不知道幻想与理想是有分别的；充满活力，但又不知道应该把活力放在哪里。你的感情慷慨给他成长空间。

　　更重要的是你要对自己慷慨。孩子要做的是一个独立的人，有独立的思想和人格，他不会是你的理想，更不会是理想的你。很多父母都希望孩子完成自己的理想，希望孩子做父母未能做到的事业，未曾达到的希望。不要期望、要求甚至鞭挞孩子去完成这些。你要少责骂自己，少处罚自己，多享受孩子的成长。你在他的年纪时错过的机会、犯过的错误，他也会错过、也会再犯。他与你不同的地方，是会有人明白他、接受他、支持他，因为他有你。你最大的成就，就是一个对你慷慨如同你对他慷慨的孩子。这亦是他最大的幸福。

# 青　年

按一般说法，男人重事业，女人重家庭。我家的男孩是家庭重于事业。虽然他们各有事业，但如要真正地、认真地选择，他们会选择家庭。老四当年因公司被收购要另找工作，那时他已有一个孩子。见工时，人家问："你对这份工有什么期待？"他冲口而出："收入足够养活妻儿就是我的期待。"工作当然是泡汤了。从见工的技巧来看，他是傻；以人生的价值来说，他是真。老二行医，同行们积极赚钱，趁年轻拼命加班，他却把很多机会推掉，甚至自动缩减工时，把更多时间留给家庭和孩子。这种与社会主流不同的取舍是大学时代形成的。

当然，我一人工作，养六口之家是我的选择，但在物质上的牺牲，孩子们是能够切身感受到的。看来，他们对我还是肯定的。今天养家要比我当年吃力多了。正因如此，很多人迟婚，迟生孩子，甚至不生。四个媳妇在结婚时都是职业女性，现在三个留在家里。大媳妇虽仍是大学教授，但也说要离职留家，起码到最小的孩子上小学。我和妻都不要求媳妇们留家。经济考虑是次要的，主要还是考虑媳妇们的社会压力：女人不在外工作，好像是辜负了才干，女人要丈夫养就是自认弱者。妻自己却从来没有这些心态：她的才智是为孩子服务，不是为别人打工；我养她是她的特权，这特权只给我一个。当然，经济的压力也是真的，很多女性工作也是为了养家。工作就要敬业，敬业就会有事业发展，这是合理的。关键是事业与家庭有时要做取舍，这很不容易。一个健全与和谐的家庭是要付出代价的，但也是值得的。

其实，家庭的健全与和谐反映着夫妇二人关系的健全与和谐：伦理要健全，感情要和谐，这才是真爱。伦理不健全，感情难和谐。孩子是爱的结晶，真爱的结晶才能幸福。

男女关系从开始就要有健全的伦理。"发乎情，止乎礼"不合主流。年轻人的主流是什么，孩子亲身体验，比父母更清楚。但不去随波逐流就需要父母指点和支持了。摩登理论强调"爱情"至上，"名教"害人。这是舍难取易，美化了人的任性。中学结束，初上大学，是开始"拍拖"的时候。我家不鼓励太早拍拖，但也不禁止，只坚持要念完大学才能结婚。这点不太难，因为现代孩子都知道读书时是没有经济能力成家的。怎样拍长拖才是考验。

我家鼓励孩子尽早把"女朋友"带回家，让我们看看。有问题及早分手或及早处理，因为感情成熟时就很难理智。我家要求男孩子特别要"正派"。拍拖是为了要结婚，没有结婚意图的拍拖是玩弄，是正派之人（无论男女）所不齿的所为。因此，不适宜成为终身伴侣的要尽早分手，适宜成为终身伴侣的就让她多与父母相处相适应。三媳妇是个好例子。她与老三是大学三年级认识的。两人都爱音乐，他是乐团指挥，她是团员。有一晚，老三请我和妻去听音乐会后，他介绍一个女孩。我们不知他已经有意，而女孩子又有些腼腆，我们就以为只是普通朋友。之后几天，老三几次说这女孩子唱得如何好，我还以为是专业评语，还是妻敏锐，她开门见山地问。老三瞠目结舌，但终承认。妻叫他请女孩和我们在外面吃顿饭。就这样，老三正式拍拖。有时，父母要留意孩子的反常，多问一句，早问一句，他会安心拍拖，你会放心他拍拖。

拍拖就要抱结婚的诚意。也许是这样，孩子们拍拖都没有"换画"，第一个就是唯一的一个。男女关系如果因为天意，不能从一而终，是值得同情的，但如果存心玩弄，就是卑鄙。血气方刚的年轻人，在追求肉欲享受的社会里，会不自觉地混淆了男女之间的性和爱。性是片刻的，爱是持久的。没有性的爱使人干枯，没有爱的性使人泛滥。性是种满足，爱是种奉献。最美的是互相奉献而得的互相满足。完全的奉献才有完全的满足，这是男女关系的最高境界。满足容易懂，什么是完全的奉献？把感情和身体毫无保留地交给对方。最珍贵、最宝贵的奉献就是贞操。在男女关系中，你的贞操完全属于你，而且只能属于你，是你最珍贵的拥有；你的奉献只能有一次，而且是不能保留，是你能够给你所爱的人最高贵的礼物。男女均如是。我家从小教孩子，不单是非礼勿言、勿视、勿动，更需要自尊、自爱。到了他们开始谈恋爱就强调"发乎情，止乎礼"的积极意义：一个自尊、自爱的男孩子才能尊重、爱惜女孩子的贞操。拍拖时能够守住贞操，结婚时才可以完全奉献。

男孩守贞会遭受很大的社会压力，从小养成精英气质和正派意识会很有帮助。从前的社会风气使女孩子成为男贞女节的守护者，但现代社会的性解放和女权运动带来很多似是而非的"观念"：以自由恋爱之名行滥交之实，同居被形容为婚姻的实验室，婚前性行为被视为爱情的体验，甚至干脆要废掉婚姻的枷锁。这些"进步"便宜了不负责任的男人，亏待了憧憬真爱的女人。

婚姻当然是"枷锁"，它约束了人，但也解放了人，只有在伦理健全的婚姻中，男女双方才真正会有安全的享受，完全的满足。这也是夫妇感情和谐的要素。西方有"情圣"唐璜，是个有名的风流才子，有人问他怎样才算情圣，他说他不是真正的情圣，真的情圣是"使你爱的女人觉得她是你唯一、终身之所爱"。

结婚是男女双方爱情的公开承诺，希望得到祝福，在誓言上双方以贞操去"盖章"；结婚也是双方共建家园的公开合约，希望得到庇护，在合约上双方以贞操交"首付"。有了"盖章"的誓言、交了"首付"的合约就是幸福婚姻、美满家园的最佳起步。

父母看孩子总会带点偏见。但君子与淑女是相互吸引的。四个媳妇确实对丈夫体贴，对家庭忠心，生活细节中可以感受到他们夫妇间的恩爱，散发出一种完全的满足。

大学时代也是事业的开端。选科至为重要。我很赞成"学以致用"，但我的演绎是：有了学问必须用它一下。学问不是陈设品，但不应以用途去指导求学。况且，即使是才气和志气十足的年轻人，由于阅历有限，也很难准确判断出什么"用"最有价值，哪种"学"才可以致用。而且，社会不断在变，今天热门的，明天会被淘汰，就算经验多、见识广的，也都往往会看走眼。我认为没有不能用的学问，只有不去用的学问，无论读什么，只要读得好，总找到致用之途。

孩子选科绝对自由，但中学老师的影响很大。老大被化学老师的渊博学问慑服，选了工程化学；老二被生物老师的循循善诱感动，选了生物；老三被数学老师的活泼思想吸引，选了纯数。老四可能因为没有遇上明师引路，选了比较中性的机械工程。老二和老三的事业是学业的延伸。老大正业搞科研，副业是设计男性时装网页，相当有成绩。他常称他是以搞科研的方法、写论文的构思去设计他的网页，撰写网站的内容。老四负责一个医院系统的效率经营，表面无需高等数学，但要把数学逻辑内化于医院的资源调动，比科研工作更具挑战。四个孩子都学有所用，更重要的是，他们都明白了"学以致用"的真道理。

虽然学什么都可以致用，但要"尽学"，也就是尽自己能力可达的最高境界。老三中学时已决定学数学，学好后去教书，因为他认为不少中学生有兴趣和能力学数学，但大部分数学老师的学术水平和教学态度未能帮助到有志的学生。他大学毕业后就想去教中学，但我们觉得他仍可多学，对他说"念完博士仍可以到中学教，而且会教学更好"。如今，他选择教大学，但搞了一个中学生的深造课程，很受欢迎。

男人的事业心太强是幸福婚姻和美满家园的障碍。妻有一套独特的家庭哲学，就是绝不让我把工作情绪带回家里。这么多年来，个人的事业，孩子的成长，我不知多少次感谢上天给她这份智慧。她坚持我回家就得把当天的工作情绪，特别是沮丧和焦躁，通通放在门外。这非但保护了家的安怡，更重要的是给了我一个洗涤和充气的机会。工作的不愉快可以说，但不能以不愉快的心情去说。起初确实是有点不习惯，妻就要我在门口站站，到心情平定再进来。奇怪的是，天大的事情，在门口站一站，就觉得远远不如家庭的重要。久而久之，再不用把工作情绪放在门外，工作情绪也自动地不会跟进来。家庭就成了我最大的空间。

念完大学，应是高飞之时。孩子飞得多高多远，要看他的装备和志向。我家给孩子的装备是慷慨、正派和服务精神。慷慨是因为我不是之处多，如果人家不慷慨对我，我定活不了。但如果我不慷慨，能指望人家对我慷慨么？就算人家对我慷慨，我能不惭愧么？因此，慷慨是我用来平衡我与他人关系的准则。正派来自我男性的观点。在男性中，我未曾见过一个真正的好人不尊重女性，也未曾见过真正尊重女性的坏人。尊重女性好像是男性一切社会道德（正义、公平、慷慨、勇敢、诚实等）的试金石。服务精神多少受我的背景影响。穷苦的童年使我对个人享受和个人财富不太重视。加上我在成长环境中体验的贫、病、饥、寒启发我超越个人利益的服务志愿。近代中国伟人中我最崇敬周恩来，就是因为他任劳任怨的服务精神。1985 年第一次回国，在中南海门前看到"为人民服务"几个字，想起他对人民的贡献，感动得流下了泪。能够为人服务是种福气。我希望人人有这个福气。这三点是来自我个人的体验和积累，是我可以给他们的唯一"财富"。

# 成　人

　　同一个家庭，在一起成长，但几个孩子性格不同，走上了不同的人生。

　　老大的强项是肯学，不耻下问，所以知识面广，无论是科研或是时装。他敢犯难，这跟他应付抽动症有关。从不为自己难过使他有种韧力；打不死的精神使他不怕打，也同时训练了他看通和摸清对手（无论是人或事）的能力。但最吸引人的是他的忠，对朋友，对合作伙伴都如是。因此，愿与他合作的人很多，而且合作愉快。他的时装事业已经有了很好的开始，正在不断扩大。2013 年是他网站成立的十周年，在三藩市一间大酒店开了个庆祝会，有几百人参加。网站的风格结合了科学的严谨和时装的活泼，很受用户欢迎，也赢得了同行赞赏。他的事业是自导自演，一早就有了剧本，而且是锲而不舍。老大的高度自信并没有使我们担心，部分是知他有自知之明，不会妄为，会量力；部分是他已经打了底，妻儿生活不会因事业起落而无着。犯难精神和责任感是个动人的组合。

老四的事业刚开始。他念完硕士，准备找到工作之后就结婚。当时，尚未过门的媳妇家在渥太华（离我们约两个多小时车程），希望他在渥太华工作，我们也无所谓，因为我们住的小城找工作也不容易，于是老四就集中在渥太华找工。两个月过了，我们见没有动静就问他。他说发出了很多电邮，都未见回音。我和妻认为这属于"等工"，怎算"找工"。找工是找匹配，要主动，干等只会使人丧气、懈怠。

妻是坐言起行，当晚要老四拿出几份他认为比较合意的招聘，第二天"陪"着他上渥太华，逐处登门求见。老四见工，妻在附近商场等，第二份就成功了。这份工作在渥太华大学附属的医学研究所，很适合老四念的生物数学。可惜半年之后，研究经费断了，老四又要找工了。那时老四已经成熟多了，到处跑，可是人浮于事，跑了两个月仍没有头绪。妻说，什么工作都要做，一边做一边找。于是老四做了一间意大利人开的杂货店伙计，挣的是最低工资，做的是粗重工作。周末又到一间婚礼服务公司做搬运工和侍应生。三个月之后才找到一份医药市场分析顾问公司的分析员工作。好好地做了一年多，要升级了，但公司被收购，年资浅的老四先下岗，又失业了。这几年间，老四做了三份工，但他很勤奋、负责，每处的上司、老板都很满意，所以推荐书是很不错的。这次，他差不多是马上找到了一份医院管理的工作。

他还有时回杂货店帮忙，等到媳妇生孩子了，才去得少了。一年多后，医院有意栽培他作管理高层，鼓励他选读一个医疗管理硕士学位。看来，他的事业是真正开始了。老四从机械工程的本科转到工程数学，再转生物数学；从做医学研究到卖杂货和医院管理，好像是盲打盲撞，也好像是老天有意安排，每经过一个"挫折"，他就成熟一点。他的热情、乐观并没有降温，而见识、阅历却增加了。

老大敢犯难，我们恐他妄为，但责任感约束他；老四怕犯难，我们恐他懒惰，但责任感激励他。对妻儿的责任感是男人的基本操守，是真正的男儿本色。性格（character）是天生的，人格（personality）是后天的，父母的责任是助孩子成人。我家是避重就轻，因材施教。表面上，人格都是指好的东西，忠、孝、仁、爱等等，但关键是好东西也有过分的：愚忠、愚孝、溺爱以至"妇人之仁"等就变得不好了。一个"有格"的人是个"整合体"。把他的人格各部分分开来评价，绝不是也不可能是样样完美，但整个来看他会有些"格"——某些特别动人的可取之处，可以弥补所有的瑕疵。英语叫"saving grace"，是"使人得救的恩赐"之意。

我家四个孩子都有一些比较动人的"人格"，出自他们独特的"性格"。老大的坚强来自倔强，老二的善良来自温文，老三的谦逊来自聪明，老四的慷慨来自热情。但倔强也可使人愤世，温文可使人懦弱，聪明可使人傲慢，热情可使人盲目。我家一直为孩子们性格的正面发展创造空间：先以爱来培养他们对父母的信心，听从父母的教导；然后以鼓励来培养他们对自己的信心，跟从良心的引导。俗语说"三岁定八十"，是说性格是变不了的。但我相信，每一种性格都可以成为动人的人格。

孩子成长中，父母的责任放不下；孩子成人后，父母倒不愿放下。但孩子有自己的生活，更重要的是，他有自己的家。孩子是你从小教的，媳妇就不同了。她是人家的女儿，你怎能要求她对你如同孩子对你一样？这点，我佩服妻。她对媳妇比对孩子更好，更体谅。媳妇与婆婆之间通常有两个摩擦点：从婆婆角度去看是儿子与孙儿，从媳妇角度看就是丈夫与孩子。婆媳关系不好，苦的是儿子，处于夹缝中；你若是不想儿子受苦，就要维持好婆媳关系。

真爱是很妒忌的，连神都如此（"十诫"第一条就是"我是主、你的神，除了我之外，你不可有别的神"）。妈妈对孩子的爱，妻子对丈夫的爱都不想被别人分薄。婆媳不和很多时候是因为婆婆认为媳妇抢走了儿子，媳妇认为婆婆强霸着丈夫。其实，妈妈对儿子的爱和妻子对丈夫的爱是两种不同的爱，认识清楚才可以发展和维持正常的婆媳关系。孩子成人之后，不再需要妈妈的嘘寒问暖、耳提面命，不然，你令他尴尬，更令他妻子反感。做父母的要放开怀抱，应该对他有信心。其实，无论你对孩子或他的妻子有没有信心，都应该放手。婆媳关系是动态的，不进则退。婆媳和洽，大事化小；婆媳不和，小事变大。

家人共处中，原则性的大事很少，主要是性格不合。谁没有缺陷？把焦点放在对方的缺陷上，最终是一无可取。我家是发掘各人的"可取之处"。大媳可敬，她积极地喜悦地担负起照顾老大和几个孩子的重任；二媳可靠，大小事情交托给她必定办妥；三媳可爱，善良、细心，使周边的人如沐春风；四媳可亲，从没有脾气，让周边的人安详、平静。

孙儿是孩子的孩子，管教的责任在他们的父母，不在爷奶。若是孩子或媳妇向你求教，你应该知无不言。若是孩子，特别是媳妇，不主动求教，你要三缄其口。你教是为了孙儿好，但如果孙儿的父母不受教，你不要越俎代庖。尤其是当儿子与媳妇坚持不同意见的时候，你更要小心。在那一刻，你的责任是保护你儿与媳的和洽。他俩夫妇和洽，一切好办，不然，孙儿吃苦。广东俗话说：宁教人打仔，莫教人分妻。最差的是在孙儿面前批评他的父母，尤其是说他母亲的不是。这是种罪恶：你正在毁灭孙儿的幸福，因为你在引导他对父母不敬。促进他父母的和洽，是你为了孙儿的幸福可以做出的最大贡献。

我家孩子都是刚念完书就结婚。一方面是姻缘天定，一方面是我们不鼓励恋爱成熟而迟迟不婚。现代年轻人也苦，经济繁荣只是指五光十色的消费，但找一份安身的工作可不易。美其名曰是工作多选择，实际上是工作不稳定。孩子们自立性强，不想靠父母。虽然我们也确实是两袖清风，但看见他们的奋斗和努力，我们也主动把小小的积蓄拿出去助他们成家立业。我和妻的原则是：他们起步的时候我们尽量帮忙，但不能指望有什么遗产留给他们，因为有志气的不想要，没有志气的不值得给。当然，因为从小的培养，长期的考验，我们对他们是很有信心的。

孩子成人之后是自己的主人，但仍是你的孩子。当然，父母从来就不是主人，不曾拥有孩子。他是上天交托给你的，你的责任是养他、育他，使他成为有用、有格的人。但责任并不到此结束。小的时候父母带着走，大的时候父母伴着走，成人之后，他自己走，但仍需要你的祝福。

当年我到英国读书，拿着小小的积蓄，抱着无畏的精神，其实对妻儿都是有点不负责的。父亲来信，虽然没有说出责难的话，但字里行间看出他的担心。信里最末一行，说他要汇六千英镑过来，那时我三十多岁，要父亲的接济，心里很不好受，但他的关心确实也使我心里甜甜的。

孩子一个个离开家，他们从前的房间就空了下来。妻把房间重新布置，把所有的床换成一样的，谁回来就住在自己从前的房间。孩子们都有了自己的家，各散四方，难得一起回来，但他们知道妈妈对每一个都是同样的关怀和祝福，相信他们心里头也是甜甜的。

我父亲是 1981 年去世的。几年前，我妈说："当年你要出国，父亲的朋友有很多闲话，说这么辛苦培养孩子成才，现在有了这么赚钱的事业，你怎能让他放弃。"关于这，他生前从未跟我说过一句。这才是伟大。

# 后　记

　　我特别容易被音乐触动。在我心里，每个孩子都有一个属于他的乐章，每次听到，就会想起他们。

　　贝多芬的练习曲《献给爱丽丝》（*For Elise*）是属于老大的。它使我想起他七岁那年，穿着一件旧毛衣，白底红边，小指头在琴键上叮叮当当，聚精会神，既天真又认真。那时，抽动症仍未烦扰他，世界对他仍是友善。

　　老二是李斯特的《爱之梦》之三（*Liebestraum* No.3），他十三四岁时在老师的音乐会上表演过，每次听到，我脑海里总浮现出他谢幕那刻的温文风范。

　　老三是维瓦尔第的《四季》之"春之声"（*Four Seasons, Spring*）。每次听到，就好像见到他闪亮的智慧火花，嗅到他清新的生命气息，摸到他脑顶那条微凸的像龙背般的项骨。

　　老四是赛萨尔·弗兰克的《天使之粮》（*Panis Angelicus*），这个愚且鲁的孩子确实花了我们很多的精力，但他的热情与乐观也给了我们补偿，像天使之粮。

妻也有她的乐章，是贝多芬第八钢琴奏鸣曲《悲怆》第二乐章（*Sonata* No.8, Pathetique, $2^{nd}$ movement）。纯得使人沉醉，爱得使人心痛。

我十一二岁最初接触的古典音乐是莫扎特的《小夜曲》，至今仍是我的挚爱，尤其是第二乐章（*Eine Kleine Nachtmusik*，$2^{nd}$ movement）。它使我联想起我的妈妈，我孩子的妈妈。